AF425827

SOBREVIVIENDO
AL SISTEMA EDUCATIVO

Solia Ma. Centeno de Baglivo

"Sobreviviendo al sistema educativo"
©2020, Solia Ma. Centeno de Baglivo

Diagramación y Corrección: Marcelo Rodríguez Abdala
Fotografías de contenido
y descripción: Roger José Centeno Sánchez
Corrección de estilo: Homero Carvalho Oliva
Diseño de portada: Yheison Darío Giraldo Álvarez
Fotografía de portada: María Laura Quiroga Braun
Fotografía de Contraportada: Roberto Nacif

ISBN: 978-9917-0-0343-4

LNG
Oklahoma, USA

EL CONOCIMIENTO DE LA OSCURIDAD NOS LLEVA A ENCONTRAR LA LUZ DE LAS RESPUESTAS

"Me libero de toda la programación que limita mi crecimiento personal, elijo trascender como ser humano, elijo liberarme de los condicionamientos del sistema, elijo vivir la conciencia de mi verdadero SER, en la medida que entiendo que la vida es aprender a vivir en amor incondicional, elimino poder al ego, empodero mi SER, y vivo de manera integral y coherente. Reconozco y libero lo que FUI, conozco y agradezco lo que SOY, entiendo y tomo consciencia hacia donde VOY". Con amor:

Solia María Centeno de Baglivo

DEDICATORIAS

"Dedico la conciencia, responsabilidad y entrega apasionada al escribir esta obra literaria a **mis hijos Juan Andrés y María Carolina**, el miedo a seguir duplicando la programación de oscuridad emocional en sus vidas, me provocó la decisión de escribir la historia como una manera de encontrar sanación y liberación de la conciencia del pasado. El hábito inconsciente de vivir en el reflejo del pasado, por muchos años fue el impedimento para poder vivir a plenitud la vida presente. En este sentido, a través del estudio, discernimiento, entendimiento y conocimiento del origen emocional de las decisiones que tomé en mi vida, pretendo **liberarme y liberar a mis hijos de los pensamientos y cadenas emocionales que por ignorancia les programé en el inconsciente.**

Dedico la redacción de esta historia a todos los **jóvenes que se encuentran confundidos con su vida,** que no saben para qué vinieron a este mundo, que se sienten presionados a hacer lo que no les gusta, que sienten frustración e impotencia por no lograr desarrollar las habilidades personales, que no entienden por qué viven, que estudian sin saber qué camino seguir, que no saben qué decisiones tomar, que tienen **miedo a ser responsables de sus vidas y se sienten emocionalmente dependientes de la familia, padres, parejas o entidades.**

Dedico la historia a todos los **emprendedores que merecen triunfar y no entienden por qué no logran cumplir sus sueños.** Que se levantan cada día de los fracasos y siguen insistiendo en lograr el éxito de sus emprendimientos con la esperanza de encontrar respuestas a la mediocridad de resultados; emprendedores que hacen todo lo que el sistema les dice que tienen que hacer y a pesar de la sumisión y obediencia pasan los años y siguen estancados, insatisfechos, llenos de frustración e impotencia.

<u>Dedico el sentimiento que descargué en la redacción de la obra y a la vez quiero hacer **un tributo a todos los adolescentes que se suicidaron por no resistir la presión de la programación mental de la sociedad**</u>, ellos se fueron vencidos por el miedo a vivir, jamás entendieron los modelos de vida impuestos por el sistema, se encerraron en su mundo interior, en el dolor de la incomprensión del corazón y decidieron irse sin contar la historia.

<u>Dedico la inspiración de la historia a todos **los padres que no entendemos el silencio de nuestros hijos, que no queremos involucrarnos en su mundo interior**</u>, que no queremos ver más allá de los sentimientos de rebeldía, que no entendemos el alma de cristal de la nueva generación, y que no dejamos fluir la energía de la nueva generación por miedo a romper viejas estructuras mentales que ponen en peligro creencias milenarias transmitidas de generación en generación.

<u>Finalmente dedico esta obra al **despertar de la consciencia**</u>, de cada persona que actualmente busca desprogramarse de la influencia que recibió en su vida, de pensamientos que fortalecieron el ego y el individualismo a través del reconocimiento, la exclusividad, el sentido de competencia, los condicionamientos, de pensamientos de crítica, juzgamiento y dominación, de sentimientos de culpa y control, de sentimientos de víctima y de mártir, de objetivos de materialismo y poder. Y se alejaron del desarrollo del verdadero SER. **El conocimiento y la información de pensamientos que fortalezcan el SER nos lleva a niveles de conciencia que nos acercan a la coherencia, la integridad y el amor incondicional.**

"Para que la luz brille tan intensamente, la oscuridad debe estar presente". Francis Bacon

AGRADECIMIENTO

Agradezco al mentor que me impulsó a escribir este libro, el activista, divulgador en neurociencias, antropología, psicología y neuromarketing Jürgen Klaric, gracias a la convocatoria pública que lanzó en su página en Facebook en el mes de Septiembre del año 2016, buscando testimonios de memorias de dolor de experiencias con el sistema educativo para el documental "Un Crimen llamado Educación", fue entonces que logré romper el silencio de 42 años.

Al brindar mi testimonio de manera voluntaria logré liberar memorias de dolor que elegí guardar y me agobiaban el inconsciente a través de trastornos emocionales de problemas de autoestima y autovaloración; guardar estas memorias en el silencio de mi mente y de mi corazón, afectaron mi personalidad, mis relaciones humanas y mis emprendimientos en gran parte de mi vida.

La inspiración que recibí en unirme a la causa de promover el cambio en el sistema de educación fue clave para encontrar el propósito de mi vida y generar el sentimiento de escribir la Historia en el presente libro, de esta manera estoy sumando con esta obra literaria a la tendencia social de generar consciencia en la necesidad de hacer cambios para mejorar el modelo educativo.

Gracias a mi amado esposo Marcello Andrés Baglivo Bouyssounade, por la paciencia, apoyo y tolerancia en permitirme "SER" en este libro. Es el compañero de vida en todos los desafíos, el amor y el apoyo emocional que me llena cada día, la comprensión que me transmite en todos mis emprendimientos, me ayudaron a llegar hasta este instante.

Gracias **a mis amados hijos María Carolina Baglivo Centeno y Juan Andrés Baglivo Centeno** por ser el motor lleno de amor que me empujan a encontrar la madurez como ser humano, y la fuente de inspiración para desarrollar la consciencia y la responsabilidad que implica ser ejemplo y modelo para ellos como persona.

Agradezco **a mis hermanas Sandra Magdalena Centeno Castro y Natalia Geraldina Centeno Castro,** por el amor y apoyo incondicional de siempre, unidas en la misma historia, el mismo camino hacia la trascendencia como seres humanos, Gracias Sandra por conectarme con esta causa, fuiste el canal para que el testimonio llegue a manos de Jürgen Klaric.

Agradezco **a mis padres Solia Magdalena Castro Suarez y Roger José Centeno Sánchez,** gracias por ser mis padres, por ser los mejores maestros en las lecciones de vida que recibí, con los recursos a su alcance y los valores de su corazón hicieron todo lo mejor que pudieron hacer para guiarnos a lo que ellos consideraron el mejor camino, duplicaron la educación tradicional porque no existían otras alternativas en su mente en los momentos de nuestra formación.

Todo lo que viví y recibí como hija fue necesario para escribir esta obra, gracias a Dios por todas las experiencias que acumulé en la niñez, adolescencia y juventud, hoy encuentro luz en mi vida y paz en mi alma, gracias a entender el porqué de la Historia que me tocó vivir, soy feliz de cerrar este capítulo para dar paso a uno nuevo, **transformando el dolor en AMOR, la ignorancia en aprendizaje y sabiduría,** abriendo las puertas mentales para encontrar soluciones y caminos que nos llevan a una mejor calidad de vida y educación.

Gracias mamá y papá, por darme la oportunidad de trascender como ser humano a través de la Historia que construimos juntos, los amo y les agradezco con

toda mi alma, son los mejores maestros de toda mi vida, me dieron el molde de dualidad que me impulsó a encontrar mi verdadero SER.

En este libro, libero las cadenas mentales de la educación del pasado, abro las puertas de la nueva consciencia dando ejemplo a mis hijos que nunca es tarde para perdonar, sanar, amarnos, cambiar, reconocernos, aceptarnos, ser valientes, enfrentar los miedos, y cumplir los sueños.

Urubó, Villa Bonita, 7:00 a.m., un día de lluvia

"Amar es trascender" ¡Gracias!

Santa Cruz de la Sierra, 02 de noviembre del año 2016

Solia María Centeno de Baglivo

Mis padres Roger José y Solia Magd. y mis hermanas Sandra y Natalia.

Mi esposo Marcello y nuestros hijos Juan Andrés y Ma. Carolina.

"Mis maestros en esta Vida: Mi Familia"

"No esperes que la luz del destino ilumine tu vida; ilumínala tú".
Alejandro Jodorowsky.

ÍNDICE

INTRODUCCIÓN

La vida es **"aprender a conectarse con la realidad y ser felíz"** es un concepto simple que me costó aprender, es triste sentir que habemos seres humanos que logramos entender este nivel de consciencia luego de una vida entera de frustraciones y fracasos, cuando nos sentimos acorralados y sin esperanza es cuando comenzamos a preguntarnos acerca de la esencia de la vida, para qué y por qué vinimos a este mundo y cuál es el propósito de la existencia.

Esta obra literaria la escribí en la búsqueda de entender **porqué no logré cumplir mis sueños,** cuando cumplí los 40 años de edad me resistía a admitir que no había cumplido los objetivos que me había propuesto desde niña, a pesar de la obediencia, de la sumisión y estricto cumplimiento con el sistema educativo, a pesar de la programación e invasión de mi consciencia con toda la información recibida y a pesar de dejar moldearme como la arcilla en la forma que la sociedad quería ver en mí durante 43 años de vida, como hija, madre, estudiante, esposa, profesional, ciudadana, ser humano y ser espiritual.

Siempre sentí que tengo todo para lograr el éxito y mi entorno cercano me alimentaba el autoestima reconociendo las habilidades que desarrollaba, logré las mejores calificaciones, logré ser la mejor alumna, la mejor estudiante, la modelo del sistema educativo. Cumplí todos los requisitos que exige el sistema, introduje en la mente todo el nivel de información que bombardea la educación y aún así, seguía cometiendo errores una y otra vez sin lograr que se cumpla la promesa de éxito y felicidad que compré en el sistema, es entonces que me acepté resignada la pregunta que siempre evitaba:

¿Qué estoy haciendo mal?

En este libro investigo las raíces de todas las decisiones que tomé en mi vida desde la gestación, infancia, adolescencia y desarrollo formativo para crear la realidad en que me encuentro, descubrí las conclusiones de la realidad que estuve manifestando toda la vida hasta hoy, descubrí la sutil programación recibida para duplicar el rol y la personalidad que convenía al sistema de educación, encontré que era parte de una programación de pensamientos generados por una sociedad, un grupo humano que diseñó entidades para asegurar la perpetuidad de una forma de vida con el objetivo de dilatar el desarrollo y descubrimiento del SER en las personas.

¿Qué significa esto?

Simplemente que somos marionetas de un sistema de educación creado por generaciones de ancestros que se resisten a cambiar la mentalidad humana, inspirados en pensamientos egoístas de control, dominio y condicionamientos que los mantienen milenariamente vivos, seres de la vieja energía que alimentan la consciencia de EGO para mantenerse en el poder y satisfacer los intereses personales generando caos en el pensamiento y relaciones humanas destructivas con actos y con palabras. Lo mas lamentable es caer en el autoengaño de creer que estamos en el camino correcto solo porque los demás hacen lo mismo, y quien no hace lo mismo o es neutral es considerado diferente o anormal.

¿A dónde vamos?

Cuando entendí la telaraña en la que estaba envuelta y la nube que permití cubra mis ojos, fue entonces que decidí trabajar en mí para encontrar la claridad de las respuestas que mi alma necesitaba a gritos.

Necesitaba encontrar razones para seguir avanzando en la vida.

Cuando no sabemos a dónde vamos es cuando perdemos la razón de la existencia, y si no despertamos, nos quedamos en el estancamiento hasta la oxidación y muerte de los sueños y de la esperanza.

Gracias a la desesperación, a la ansiedad, al dolor, a la frustración, a los pensamientos de destrucción, a la angustia, a la humillación, al miedo, a lo sentimientos oscuros que me acompañaron como fantasmas durante toda mi vida, es que hoy encuentro la luz de la consciencia, tuve la valentía de aceptarlos, reconocerlos, amarlos y acostumbrarme a ellos hasta convertirlos en mis aliados, en mis amigos, en mis maestros.

En la medida que acepto y reconozco mi realidad como experiencia y aprendizaje, en esa misma medida voy integrando mi dualidad. Al integrar la dualidad, encuentro el camino para iluminar mis sentimientos y equilibrar mis emociones. Al equilibrar mis emociones encuentro la neutralidad, la neutralidad me permite tomar consciencia de los pensamientos que construyeron y moldearon mi vida, de esta manera ilumino el camino para desarrollar el SER.

Desarrollar el Ser me permite conectarme con la esencia de mi alma, con el objetivo de entender que existe la necesidad de efectuar cambios en la forma en que expresamos la realidad, necesitamos dejar fluir la nueva consciencia.

¿Cuál es la nueva consciencia?

Es la que se conecta con el SER, la que permite manifestar la luz y oscuridad interior en completo equilibrio y neutralidad. La nueva consciencia brilla en sentimientos de amor, solidaridad, comprensión, flexibilidad, tolerancia, felicidad, sabiduría y arte, es la carga emocional de la nueva generación que pide a gritos una nueva educación, que clama por maestros que los acompañen en el descubrimiento de los dones y habilidades. Esta generación vibra en el DAR sin esperar nada a cambio, esta generación pide una nueva humanidad donde las diferencias sean complementos y aprendizajes, donde el amor fluya en su máxima expresión a través de los actos y relaciones humanas.

Es el momento de tomar consciencia que somos responsables de construir la nueva humanidad a través de hacer cambios en el actual sistema de educación, de entender y aplicar las leyes naturales de la vida en cada paso que decidimos tomar, todos somos responsables del mundo que estamos creando, está en nuestras manos generar las condiciones para que se den los cambios, este libro es un grito de fe y esperanza en que hoy podemos construir la nueva realidad, expongo mi vida como ejemplo y como advertencia a la vez para llamar la atención en la necesidad de actuar y **crear las condiciones para el desarrollo del SER.**

Los nuevos moldes de pensamientos deben ser transmitidos en la educación que duplicamos a través de la familia, escuelas, colegios, universidades y entidades públicas y privadas. En la lectura y estudio de este libro invito abrir los ojos del corazón para entender la necesidad de aprender a vivir, aprender a convivir y aprender a adaptarnos a los nuevos requerimientos de la humanidad, a tomar consciencia de la realidad, a brindarnos la oportunidad de crear soluciones que nos lleven a un mundo más feliz donde la discordia, el odio y las guerras se transmuten en amor, paz y felicidad.

¡Muchas Gracias!

Con amor:

Solia Ma. Centeno de Baglivo

PRÓLOGO I

Hace más de cincuenta años que algunos intelectuales bolivianos alertaron sobre el fracaso de la educación en nuestro país. Primero fue Franz Tamayo con su libro Creación de la pedagogía nacional que nos señaló el camino de una enseñanza apropiada a nuestra cultura y luego Mariano Baptista Gumucio fue más directo en su libro Salvemos a Bolivia de la escuela, justamente en esta obra afirma: "Son los padres de familia quienes deben primero darse cuenta del absurdo de esta institución a la que rinden supersticioso culto, como si ellos no hubieran sido también víctimas en su tiempo. Hay una razón psicológica por la que, las madres en particular, ven en la escuela su tabla de salvación: le agradecen su papel de guardería infantil, ya que no sabrían qué hacer con sus hijos en la casa y temen a la calle como al demonio. Mientras no establezcamos alternativas claras a la escuela, continuaremos machacando las cadenas del país en el dogal del atraso, el subdesarrollo y la alienación cultural. Ahí se halla la raíz profunda de nuestra frustración nacional", una propuesta que está en vigencia.

Después de estas importantes obras, ahora ya olvidadas, aparece el libro Sobreviviendo al sistema educativo, de Solia María Centeno de Baglivo, en el que de manera sincera, honesta y valiente nos ofrece el testimonio de su propia experiencia en este obsoleto sistema que ningún gobierno se ha atrevido a enfrentar oportunamente. A través de sus relatos escolares y estudiantiles la autora nos va demostrando la urgente necesidad de reformar el anquilosado aparato educativo basado en premios y castigos, en el que los estudiantes compiten, dejando de lado sus propias habilidades y capacidades personales, así como la educación emocional, la solidaridad, el amor al prójimo y a la comunidad, que nos ayudarían a ser mejores ciudadanos más allá de formarnos como simples repetidores de fórmulas que luego no nos servirán para nada en la vida cotidiana, familiar y profesional. Testimonio y propuesta, relato y ensayo, se trata de un libro muy valioso y necesario.

Saludo a su autora, por este monumental aporte a una nueva y oportuna visión de nuestro sistema educativo. Espero que este libro sea leído y asimilado por toda la comunidad académica: padres, docentes, estudiantes, administrativos y autoridades en todos sus niveles estatales.

Homero Carvalho Oliva

PRÓLOGO II

Conciencia educativa.

Es la escritora de la epopeya, de la democracia, de la libertad, del amor eterno, de la axiología, que no se repite jamás, porque su obra es un canto de vida, como el trino de un mirlo blanco. Cada día construimos un enorme panal de millones de celdas en las que guardamos la miel de nuestros pensamientos, inventos y descubrimientos más importantes.

Así califico a Solia María Centeno Castro de Baglivo, una conspicua letrada y emprendedora cruceta autora de este libro provocador y ameno intitulado: "Sobreviviendo al sistema educativo". En casi trescientas páginas y una prosa fina y elegante, inspirada en su "Sagrada familia", nos plantea la crisis del modelo educativo actual, que ha corroído el espíritu indagador del educando hasta convertirlo en un conejillo de indias, entrampado en las redes de la ortodoxia y el autoritarismo.

"A pesar que el mundo cambia, el sistema educativo se resiste a ello ¿Por qué?", se pregunta la autora. Ese es el quid o la piedra angular de un problema complejo abordado con dominio, exquisitez y donaire, fruto de experiencias propias y ajenas. "Para superar los traumas del fracaso, tenemos que enfrentar sin remilgos y falsas posturas los nuevos desafíos en busca de una educación integral, inclusiva y propedéutica".

Actualmente, en medio de las tensiones y desajustes que caracterizan a la sociedad de masas, le están confiadas a la educación responsabilidades no sólo en el campo de conocimiento sino también en la lucha contra ciertas desviaciones éticas que azotan al género humano: la subversión de valores, el hedonismo, la "adoración del becerro de oro", la corrupción, el individualismo, el culto a la desigualdad social, la violencia, la drogadicción. Que se sepa, en ninguna otra época han estado tan extendidas las distopías y enfermedades psicológicas. El hombre vive una verdadera angustia existencial por diversos factores. Y la educación es la llamada a contrarrestar esto y a promover un desarrollo humano sostenible, al mismo tiempo que a capacitarlo, desde su nacimiento, para hacer el mejor y el más eficiente uso de las nuevas tecnologías que han surgido como hongos de la revolución digital.

Solía María, con su increíble versatilidad nos ofrece esta estupenda guía para superar el fracaso de los programas educativos arcaicos y oxidados, semejante a Diógenes, filósofo griego, representante ilustre de la escuela cínica, que despreció las riquezas y buscó la luz, antorcha en mano, en las cavernas y túneles.

"Sobreviviendo al sistema educativo", me fascinó por su estilo, hondura, trazo sistemático y propuestas pragmáticas. Será el faro que iluminará a lectores y estudiosos en general.

Cnel. DEM Roger José Centeno Sánchez.

1

Capítulo uno

A pesar que el mundo cambia el sistema educativo se resiste a cambiar

"Los ojos abiertos no sirven de nada cuando la mente permanece cerrada."
Jürgen Klaric

A través de esta obra, se describen hechos y experiencias de vida <u>con la finalidad de utilizar el pasado como aprendizaje, descifrando el origen de cada experiencia hasta encontrar la raíz que origina la decisión emocional.</u>

El objetivo es **generar conciencia** en la toma de decisiones para inspirar cambios en la mentalidad y en la forma de ver la vida, **encaminando al lector a reflexionar acerca de los viejos moldes de creencias que estamos duplicando a través del sistema educativo, familiar y social.** Estos viejos moldes de creencias están bloqueando y dilatando el desarrollo de una vida con coherencia e integridad.

Los mejores años de nuestras vidas los entregamos a vivir experiencias en las aulas de las Escuelas y Colegios del sistema educativo tradicional, formamos el carácter, desarrollamos y marcamos la personalidad, copiamos hábitos, modelos, costumbres, creencias, formas de pensar, de vestir, de hablar y de actuar. Compramos la promesa de hacer realidad todos nuestros sueños al salir bachilleres, y adoptamos el compromiso que si logramos ser obedientes, buenos alumnos y obtener las mejores calificaciones, se abren las puertas del éxito.

La historia que te comparto en este libro, es mi historia, fui entrenada en la niñez para ser la mejor alumna del colegio, compré el sueño de la excelencia, compré la promesa, seguí todas las instrucciones, obtuve las mejores calificaciones, **entregué los mejores años de mi vida en permitir que el molde educativo se forme en mi personalidad, acepté ser un producto del sistema.**

Desde los 4 hasta los 17 años de edad, 13 años me permití destacar en los estudios entre los mejores alumnos, fui **estudiante en 7 colegios diferentes en 6 regiones distintas de mi país** Bolivia, el corazón de Sudamérica. Un país diverso con cordilleras, montañas, mesetas, valles, llanos y selvas tropicales, ubicaciones geográficas que influyen en la formación de la diversidad de mentalidades que caracterizan a mi región.

Es interesante observar que pese a la cantidad de formación y obediencia con el sistema educativo, no se cumplió la promesa de éxito y de trascender como persona; a pesar de la sumisión como estudiante y de enfocar toda mi energía en el desarrollo de la memoria y del intelecto, no logré el desarrollo personal necesario para una formación integral en el SER y tampoco logré trascender como empresaria independiente con liderazgo social, al contrario, acumulé frustraciones y desilusiones que me llevaron a la depresión y desvalorización personal.

En esta historia, **seguir creencias contrarias al desarrollo del SER, me llevaron a una lenta autodestrucción emocional**, por tanto, las circunstancias descritas llevan a reflexionar y a cuestionar el modelo actual de educación que desarrolla el Intelecto y posterga el autoconocimiento.

Tuve la bendición de formarme y nutrir mi aprendizaje en todas las regiones de mi país, gracias a la profesión militar de mi papá. Tuve la bendición en tener un padre con un estilo de vida que nos permitía cambiar de ciudad cada año ó cada dos años, de esta manera mi personalidad no lanzó raíces en ninguna región, esta situación me ayudó a conocer y adaptarme a las diferentes filosofías marcadas de cada zona, me permitió amplificar la visión integrada de mi país y alejarme de las tendencias regionalistas. Esta visión permite que este libro integre de manera natural las experiencias de vida en cada región, adoptando el rol de ser observadora, libre de parcializarme con los moldes de pensamientos excluyentes en cada zona.

Simplemente **aprendí a adaptarme a los cambios para sobrevivir en cada molde de pensamiento y a observar con detenimiento las conductas humanas para aprender a con-**

vivir con las personas a mí alrededor que tenían formas de pensamientos y valores diferentes de los que yo tenía.

Como todos los niños del mundo tradicional fui entregada por mis padres al sistema educativo con la esperanza de recibir toda la información y formación que necesitaba para llegar al éxito y cumplir el sueño de la familia tradicional, el lema era: "ser mejor que mis padres"; como la primer hija era la esperanza de la familia en ser la primer profesional de la nueva generación.

En cada capítulo destapo las memorias de dolor de cada experiencia que viví en la niñez y adolescencia, siendo observadora de cada emoción, de cada sentimiento mientras me desarrollaba en el núcleo familiar y social y mientras me desarrollaba en las aulas escolares.

Estas memorias las guardé 42 años de mi vida en el silencio del recuerdo y escondidas de toda conversación por el miedo a los perjuicios y cuestionamientos sociales.

Asimismo es interesante observar cómo la programación de miedos, la programación social de los paradigmas mentales que promueve la educación tradicional durante la niñez y adolescencia, fueron determinantes en las decisiones que tomé durante los emprendimientos en el desarrollo de mi vida profesional.

Cada capítulo implica descubrir la raíz del problema emocional, invita a tomar conciencia del origen de las decisiones, asimismo ayuda a generar consciencia en la prevención y la búsqueda de soluciones para evitar la duplicación de los resultados que dilatan nuestro camino al éxito.

Las experiencias descritas son los recuerdos que elegimos esconder, que elegimos olvidar, de la mente racional, luego de obtener el título de bachiller al terminar la secundaria, y que quedan navegando en la memoria emocional.

Nadie quiere sufrir recordando el lado oscuro del sistema educativo, todos elegimos la indiferencia y nos anestesiamos mirando el presente con el consuelo que valió la pena pasar todo tipo de desafíos para conseguir el título de bachiller, o el título profesional, y mantenemos el autoengaño que la titulación es el pasaporte a un nuevo ciclo lleno de éxito en la vida.

La programación tradicional en la mente humana es pensar que es mejor olvidar los momentos amargos sin mirar atrás y que el tiempo se encarga de borrar las heridas emocionales de la niñez y adolescencia, al final al querer expresar y liberar la carga emocional que genera la oscuridad de los recuerdos tristes, bloqueamos el desahogo con las frases cuestionadoras de siempre, las mismas que recibimos del entorno social tradicional; entre las más frecuentes recordamos las siguientes:

- "recuerda sólo lo que te hace felíz, no pierdas el tiempo en recuerdos tristes…"

- "tienes que mantener la actitud, habla de éxito, no hables de los fracasos, asegura que tus palabras no incomoden a los demás…"

- "deja de hablar de lo que te pasó, eso ya pasó, no existe…"

- "suficiente tiene cada persona con su carga emocional para sobrecargar a los demás con la tuya…"

- "a los demás no les importa lo que te pasó, así que mejor te callas, lo guardas en el silencio…"

- "tu problema es solo tuyo y no es de los demás, deja de quejarte…"

- "…dedícate a trabajar y a hacer plata, que con plata en el bolsillo te olvidarás de tus problemas…"

- "búscate un psicólogo y deja de quejarte..."

- "no te da vergüenza tan vieja y seguir traumada por temas de la niñez, tienes que ser madura y demostrar que lo superaste, vas a quedar mal si lo cuentas, que van a decir de ti tus padres, tus hijos, tu esposo... etc. etc..."

A esta situación sumamos la falta de inteligencia emocional, se ocasionan trastornos en la personalidad que dilatan el camino al éxito, muchas veces como en mi caso nos alejan del verdadero propósito de nuestras vidas, eligiendo caminos muy lejanos de nuestra verdadera vocación.

Seguimos la profesión, los negocios y los emprendimientos por conveniencia sin desarrollar las verdaderas habilidades para las cuales hemos nacido, perdemos el sentido común por los límites impuestos por la educación con enfoque "lineal", educándonos todos de la misma manera sin tomar en cuenta las diferencias de la personalidad y las diferencias de objetivos e intereses entre las personas. En este sentido, a lo largo de nuestra formación educativa en la niñez y adolescencia nos vamos desarrollando con las siguientes características:

- crecemos en ausencia de consciencia de "diversidad y libertad de pensamientos,

- crecemos adoptando y aceptando verdades ajenas, no aprendemos a encontrar nuestra propia verdad, en este sentido, atrofiamos la creatividad,

- ausencia de estudio de nuestras habilidades para formarnos en lo que verdaderamente "somos",

- ausencia de desarrollo de filosofía de vida acorde con la integridad del **SER,**

- ausencia de aprender a convivir con nuestras diferencias.

Nos programamos para ver las diferencias como "distancias o separación" en vez de tomarlas como "integración, aprendizaje y complemento", en consecuencia nos desarrollamos con la ausencia de la conexión de pensamientos de aprender a vivir y convivir en sociedad, esta situación nos lleva a una completa desinteligencia en el trabajo en equipo y deficiencias en el desarrollo humano.

Cuando nos alejamos del verdadero propósito de nuestras vidas, no importa el éxito que logremos en otras áreas, siempre nos acompañará la frustración, la insatisfacción y la depresión, por no saber trascender en lo que verdaderamente queremos "SER".

En consecuencia **por ignorancia, miedo al fracaso y falta de información la gran mayoría avanzamos en la vida de la siguiente manera:**

- haciendo actividades lejos de lo que soñamos hacer,

- cometemos errores frecuentes y reiterativos en las decisiones que nos llevan a acumular los mismos fracasos una y otra vez,

- vivimos con incertidumbre en la búsqueda de la razón de nuestra existencia, esta situación nos lleva a una confusión espiritual, desembocando en fanatismo religioso o en un ateísmo marcado,

- sumamos experiencias llenas de condicionamientos y dolor en el proceso, situación que nos lleva a acumular desilusiones y frustraciones,

- la confusión invade nuestras vidas en cada paso que tomamos, esta situación nos crea inseguridad, indecisión, miedo en la toma de decisiones, cobardía, irresponsabilidad y desemboca en el hábito de abandonar o renunciar rápidamente en los emprendimientos cuando no podemos manejarlos.

Sin darnos cuenta que podemos invertir estas experiencias y transformarlo en un camino lleno de amor, éxito, felicidad y libre de condicionamientos en el crecimiento personal.

¿Cómo conciliar con la resistencia al cambio?

*"Conviértete en un estudiante del **cambio**. Es lo único que permanecerá constante". Anthony J. d'Angelo*

Con las experiencias descritas en este libro, se persigue fortalecer la tendencia de mejorar la calidad y la experiencia con el **sistema educativo desde el punto de vista del desarrollo del SER**, a la vez dirigir el enfoque:

- Del desarrollo de la inteligencia en la educación emocional.

- Inteligencia en las relaciones humanas.

- Promover el descubrimiento del propósito de vida.

- Desarrollar el fortalecimiento del servicio.

- Fortalecer la responsabilidad con el planeta y con la humanidad.

- Trascender como persona en la evolución del SER.

De esta manera con el nuevo enfoque de la educación se puede conciliar la resistencia al cambio y promover la trascendencia de la humanidad a través de la nueva mentalidad

1980. Jardín de infantes. ***"La educación es el arma más poderosa que puedes usar para cambiar el mundo"***. Nelson Mandela.

enfocada en el autoconocimiento y desarrollo del SER. La intención es inspirar a utilizar los entes educativos como un medio para sembrar liderazgo, autodeterminación, autovaloración, sentido de misión y servicio, en la mente y en el corazón de los niños y la juventud. Somos conscientes que **la educación es la única vía de formar el Liderazgo que necesitamos para mejorar la calidad de vida de las futuras generaciones en el mundo entero.**

Cuando somos reiterativos en recordar los momentos amargos es una señal de que buscamos ayuda para sanar, es una señal que no sabemos cómo manejar las emociones negativas que nos están agobiando por dentro. Sin embargo, la sociedad ante la falta de entendimiento de la gestión emocional nos entrena para callar y evitar escuchar a las personas que claman ayuda emocional, las criticamos de "inmaduras", "quejonas", "débiles", "tóxicas", en fin, si bien literalmente hablando, esa es la realidad de los hechos, no nos damos cuenta que la solución no está en darles la espalda, sin darnos cuenta al darles la espalda y dejarlas que se ahoguen en su dolor estamos siendo cómplices de la autodestrucción emocional de estas personas que no saben a dónde acudir y como salir de la depresión. Asimismo con nuestra indiferencia estamos fomentando que las personas con depresión sigan contaminando a más personas con las emociones negativas. Por tanto, **si queremos evolucionar como sociedad y trascender a ser una sociedad llena de felicidad, tenemos que enfocar en el sistema educativo desde la primera infancia la "<u>educación y gestión emocional</u>".**

De esta manera, ante la falta de educación emocional, las personas que llevamos carga emocional negativa, estamos invadidos de la programación de miedo al cuestionamiento familiar y social, nos llenamos de represión y evitamos expresar nuestra verdad oscura, vamos acumulando los pensamientos y emociones negativas dejándolas atrapadas en el silencio del corazón transformándolas en dolor y angustia dentro del cuerpo emocional que con el tiempo desencadenan enfermedades psicosomáticas y físicas.

Decidimos avanzar sin sanar... gran error, sin darnos cuenta que... **"A veces, el silencio es la peor mentira" (frase del filósofo español Miguel de Unamuno),** invertimos mucho dinero en terapias sin resultado, que generan más frustración. Las heridas de la niñez y la adolescencia cuando se las guarda en el silencio, se transforman en piedras en el alma que son arrastradas en el inconsciente.

Nadie está destinado a sufrir, por esta razón es urgente un sistema educativo centrado en el desarrollo del SER y conocimiento interior para aprender a vivir disfrutando el proceso de construcción de habilidades con amor, autoestima, autovaloración y respeto.

La gran mayoría de los padres duplicamos en nuestros hijos la misma sumisión con la programación mental y emocional que desarrollamos y fortalecemos en el actual sistema social.

Seguimos el mismo modelo de obediencia permitiendo que las mentes sigan siendo manipuladas, fortaleciendo los viejos moldes de pensamientos. Pensamientos de **una sociedad que enfoca la búsqueda de la felicidad en objetos externos**, desvalorizando el SER y creándonos necesidades ficticias que nos llevan a un mundo de frivolidad e indiferencia.

Vivir con indiferencias en el desarrollo del SER nos lleva sin darnos cuenta a matar genios brillantes, encarrilando sus vidas a lo convencional y tradicional, metiéndolos en creencias absurdas del siglo pasado que multiplican la ignorancia y la mediocridad y están fuera de contexto con la realidad y los moldes de pensamiento de la actualidad.

Las vivencias descritas en cada capítulo buscan destapar la conciencia en padres, hijos, educadores, estudiosos de la educación, investigadores en áreas de antropología, psicología, y neuroeducación acerca de la necesidad de un cambio en la forma de educar a nuestros niños, y en la forma de orientar a los padres para ser maestros de vida de los hijos.

Es momento de comprender y entender que los traumas en la niñez y adolescencia ocasionados por el maltrato físico, emocional y psicológico desarrollado marcan para toda la vida, a la vez son tolerados, fomentados y promovidos por la indiferencia del actual sistema de educación Hispanoamericano que sigue duplicándose de padres a hijos, de generación en generación, a la vista, permisividad y tolerancia de las organizaciones políticas y sociales en cada país.

Conocer el lado oscuro de la educación en esta historia sirva de advertencia para mejorar, para encontrar soluciones, para hacer los cambios; de los errores se aprende, de los fracasos nace la inteligencia.

Un ser con integridad y coherencia es productivo para la sociedad, un ser con heridas emocionales es un virus que contamina la sociedad, busquemos generar sistemas educativos que desarrollen seres con integridad y coherencia.

"Esa oscuridad interior que llamamos ignorancia, es la raíz del sufrimiento. A mayor luz interior, menor oscuridad. Esta es la única forma de alcanzar la salvación".
Dalai Lama.

Capítulo dos

La educación tradicional nos lleva al pasado, a la falta de perdón, al miedo y a la frustración

"Educar no es torcer o forzar naturalezas, sino liberarlas del yugo de la animalidad y de las estrecheces animales, psíquicas y espirituales que los aprisionan y son causa de sufrimiento".
Jorge Ángel Livraga

"El propósito de la educación no es validar la ignorancia, sino superarla".
Lawrence M. Krauss.

En la práctica la gran mayoría de los seres humanos en la etapa formativa **encontramos desilusiones al vivir el mercado profesional, la frustración de no lograr cumplir los sueños,** el vacío de no encontrar el propósito de nuestra vida, nos muestra un camino sin sustancia que nos va destruyendo poco a poco en el aspecto mental, emocional y espiritual.

Decidí enfrentar el miedo a los perjuicios sociales, a la crítica, al cuestionamiento, al pensamiento tradicional, y contar la historia de experiencia con el sistema educativo de la manera en que me tocó vivirla, sin pintura, sin adornos, como la vieron los ojos de una niña y adolescente que siguió instrucciones impuestos por la educación del sistema social en contra de su voluntad, **cuando sigues instrucciones en contra de tu voluntad todo lo ves oscuro.**

Aprendemos a callar la frustración y elegimos quedarnos solo con los recuerdos de buenos momentos compartidos con las buenas amistades, decidimos creer que todo lo vivido era necesario y normal para aprender, elegimos repetir las historias y anécdotas de las experiencias en el colegio y la universidad, y seguimos reuniéndonos cada año en las reuniones de promociones rememorando las mismas travesuras y anécdotas una y otra vez.

Elegimos hablar poco o nada del túnel oscuro que se tiene que cruzar para lograr el título de bachiller o el título profesional, no es un tema común hablar de las frustraciones, tampoco de las promesas que nunca se cumplieron, menos de los fracasos, de las desilusiones, de las traiciones, de las mentiras, de la discriminación, elegimos tapar el sol con un dedo, pretendemos creer que hablar de la oscuridad es ser negativo, y seguimos siendo **cómplices de que nuestros hijos sigan el mismo camino con la misma hipocresía social.**

Al momento de elegir nuestra educación, como padres elegimos conducir por el mismo camino a nuestros hijos, nos entregamos al mismo sistema, **duplicamos en nuestros hijos el mismo silencio, la misma indiferencia, egoísmo, vanidad, los mismos miedos, traumas, los mismos vacíos, las mismas creencias que llevan por el mismo camino**, sin innovación o renovación de pensamientos que llevan a un cambio de mentalidad en favor del crecimiento personal con integridad y valores.

Perjudicamos el desarrollo de una nación a través de ser cómplices en permitir la formación de profesionales mediocres y conformistas que se quedan en la burbuja de la zona de confort, viviendo su propia vida en total indiferencia, sin el deseo de conectarse a solucionar los problemas de la humanidad y esperando que otros hagan los cambios que nosotros mismos podemos hacer.

Ante la falta de información de alternativas de educación, la falta de iniciativa y liderazgo personal y ante la ausencia del movimiento social en generar nuevas políticas de educación; como padres, terminamos siendo cómplices en duplicar y multiplicar los mismos hábitos y la misma formación emocional y educativa.

Sin darnos cuenta repetimos el círculo vicioso de contaminación mental que viene estacando la formación y el avance de nuestros pueblos y vamos transmitiendo como un virus la información equivocada de generación en generación, sin lograr romper la cadena de la ignorancia y mediocridad.

Basta preguntarnos si nuestra educación está formando los líderes que necesita la humanidad para trascender, observemos alrededor, tomemos consciencia y hagamos un conteo de:

- cuántas personas existen plenamente felices haciendo lo que aman hacer,

- cuántas personas son dueñas absolutas de su tiempo,

- cuántas personas generan y multiplican prosperidad en completa libertad,

- cuántas personas hacen realidad todos los sueños de su vida,

- cuántas personas ayudan a hacer realidad los sueños de sus hijos,

- cuántas personas ayudan a hacer realidad los sueños de otras personas,

- cuántas personas son agentes de formación y cambio para su país y para la humanidad.

Ahora cambiemos la perspectiva observando las conductas humanas y comportamientos sociales que son más relevantes en el ojo público y día a día se revelan en los medios de comunicación social, las redes sociales y en nuestra comunidad:

- Cuántas **personas viven quejándose y expresan la infelicidad que sienten.**

- Cuántas personas transmiten su amargura, son esclavas del escritorio, esclavas de su fuente de trabajo o auto esclavas de su propia ocupación.

- Cuántas personas viven en discordia y construyen día a día malas relaciones humanas, familiares, y sociales.

- Cuántos hogares a diario se destruyen.

- Observemos las estadísticas de suicidios, violaciones, asesinatos, secuestros, indigencia, mendicidad, robos, acoso emocional y sexual, maltrato físico y psicológico en la familia y en los empleos públicos y privados.

- Cuánta **corrupción en las instituciones públicas y privadas.**

- Cuántas denuncias de incumplimientos de palabra, incumplimientos de contratos e incumplimiento de obligaciones y compromisos ante los estrados judiciales.

- Cuántas **personas sin empleo y sin seguridad social.**

- Cuánta **mentalidad de escasez** y miseria reflejada en la delincuencia juvenil y terrorismo en el mundo.

- Cuánta **falta de honestidad en las relaciones humanas**, cuánta hipocresía, cuantas mentiras.

- Cuánta **gente con enfermedades psicosomáticas** o demencias por depresión, ansiedad, soledad, abandono y traumas de la niñez y la infancia.

- Cuántas **personas con trastornos de personalidad**, trastornos sexuales, adicciones a las drogas, a los medicamentos, a la comida, al alcohol y otros vicios.

- Cuántas personas se encuentran actualmente al borde de la confusión, crisis nerviosa, del colapso mental, pidiendo auxilio sin encontrar respuestas.

Todos los protagonistas de estas estadísticas han sido formados en el mismo sistema educativo en que han sido

educados los antecesores, familias enteras de generación en generación, duplicando la misma mentalidad. Han pasado por las mismas aulas escolares, sean públicas o privadas, y si no llegaron a la educación, han sido educados por padres y/o tutores que han recibido programación por lo menos en un nivel escolar básico en las escuelas públicas y/o privadas.

Recibimos la programación de la "educación" como la vacuna de un virus en la sangre al pasar por las aulas escolares, **el virus de la "educación tradicional" se manifiesta en:**

- **nuestros valores como persona,**

- en nuestra conducta,

- en nuestras emociones,

- en nuestros sentimientos,

- en nuestros pensamientos,

- en nuestras palabras,

- en nuestros actos,

- en la atención y educación a nuestros hijos,

- en el trato que les damos a los niños,

- en el trato que le damos a los animales y a la naturaleza,

- en nuestra higiene personal, orden y limpieza de nuestro espacio,

- en la forma que cuidamos el medio ambiente,

- en la manera en que administramos el tiempo y el dinero,

- en nuestra prosperidad,

- en la medida que cumplimos nuestros sueños,

- en la forma que tratamos a las personas que nos rodean,

- en la manera en que desarrollamos las relaciones humanas,

- en la manera que enfrentamos y resolvemos los problemas,

- en la manera en que reaccionamos ante el fracaso y las desilusiones.

Es interesante observar la conducta humana que elige anestesiarse y creer que al seguir el modelo estamos en el camino correcto, postergando, procrastinando toda actitud de cambio para no desgastar el cerebro.

Los actos quedan grabados en el inconsciente; luego de la educación en el hogar con los padres, el siguiente filtro en nuestra educación es el colegio, **en teoría el colegio es el templo de la educación para ayudarnos a seleccionar los modelos de conducta y valores que nos ayudaran a ser mejores personas.**

La mayoría de nosotros hemos pasado más tiempo en el colegio que en nuestros hogares, por la sencilla razón que nuestros padres estuvieron más tiempo fuera de la casa en sus respectivas fuentes laborales.

Ante la falta de comunicación en los hogares, el colegio viene a llenar ese vacío para desarrollar relaciones humanas y sociales, en resumen **la personalidad que determinará nuestro futuro se termina de desarrollar en las aulas de la escuela.**

Como la gran mayoría de los niños, también en mi niñez llegaba a desarrollar habilidades por "naturaleza" como "forma de expresar el SER", habilidades como:

- pintar,

- dibujar,

- fascinación con los colores,

- escribir y declamar poesía,

- bailar,

- danzar,

- leer y estudiar libros por inspiración en APRENDER,

- observar en silencio la naturaleza y el cielo, la "contemplación",

- tocar instrumentos musicales,

- componer poesía.

Me llenaba el alma desarrollar esas habilidades, me alimentaba la paz y el equilibrio del espíritu.

El sueño que construía y manifestaba en mi niñez era **"Cuando sea grande voy a hacer todo lo que me gusta"**, soñaba con desarrollar estas habilidades y viajar por el mundo, sin embargo cuando lo comenté a mis padres, a mis familiares, a maestros y compañeros del Colegio **me dijeron que esas habilidades jamás me harían ganar dinero y que tenía que escoger una profesión tradicional para tener éxito, esa profesión tenía que ser en la Universidad, que únicamente sería "alguien" si sacaba buenas notas en el Colegio y la Universidad**, no tenía alternativa, era el único plan que me ofrecieron, el otro plan era ser ama de casa, ser mantenida de mis padres o ser mantenida por el esposo, en mis épocas en la década de 1980 eran los planes impuestos por el sistema social boliviano, no existía conciencia de "ser emprendedor independiente" para mujeres.

De todos los planes me daba pánico ser mantenida, crecí observando y escuchando historias a mi alrededor de mujeres con el mismo drama, el padre que trabajaba duro todo el día ausente de la casa para mantener el hogar mientras la madre sacrificaba sus sueños por criar a sus hijos.

Eran frecuentes las historias de dramas de familias donde el padre se llenaba de stress y tensión emocional por la carga económica y laboral de mantener el hogar, acumulaba impotencia y rabia de los sueños frustrados y terminaba descargando todo el enojo con su esposa e hijos a través del maltrato físico y psicológico.

Durante mi etapa profesional como abogada me tocó observar las historias de mujeres que asistían a mi estudio jurídico en crisis de divorcios, mujeres jóvenes que decidieron casarse sin desarrollar habilidades, con la programación mental que era el hombre el que tenía que trabajar y mantenerlas, y que ellas tenían el rol de llenarse de hijos y dedicarse al hogar.

La gran mayoría de estas mujeres ante la ausencia de habilidades personales desarrollaban baja autoestima, falta de valoración personal, falta de amor propio, en consecuencia se sentían incapaces de salir a la calle a independizarse como emprendedoras.

En este sentido ante una crisis emocional en la pareja, si el hombre era machista y aplicaba maltrato físico y psicológico en la mujer, la mujer se llenaba de miedo de quedar sola y ser responsable de su vida, prefería tolerar el maltrato que salir a enfrentar la realidad de asumir la responsabilidad de su propia manutención y sobrevivencia de manera personal y la de sus hijos. **Esta situación genera hogares donde los hijos son espectadores y protagonistas de un hogar donde se vive con los hábitos del drama, dolor, maltrato físico y psicológico.** Lo más triste es que las madres se convierten en modelos de mártires y duplican resentimientos, dolor y debilidades de carácter en los hijos. **Esta situación produce una generación llena de traumas y de conflictos emocionales, duplicando la raíz de la dependencia emocional y el miedo a ser responsable de asumir la dirección de la propia vida de manera independiente.**

En Bolivia existe la tendencia al machismo y a la sumisión de las mujeres, viviendo un modelo arcaico del siglo XIX en pleno final del siglo XX, en esta época, la mujer que iba en contra de la corriente era consideraba liberal y castigada con el repudio social, esos eran los modelos de historia que nos mostraba la sociedad como resultado del modelo de educación tradicional, mientras tanto la nueva generación estábamos recibiendo programación para tener **la misma dependencia emocional y afectiva, baja autoestima y debilidad de carácter en nuestra personalidad.**

Siempre admiro a las personas auténticas, con autoestima, amor propio, seguridad y confianza en sí mismos, en especial a los seres con valentía y coraje en expresarse con valor en contra la corriente de pensamiento social. Siempre admiro a los líderes que, con conciencia de determinación, rechazan los modelos de vida impuestos, con la única inspiración de hacer realidad los sueños del corazón, lanzándose al vacío de la inmensidad de las oportunidades asumiendo los riesgos hasta tocar fondo en lo desconocido, con la única motivación de avanzar hasta lograr cumplir todas las metas.

Con esta inspiración, en mi caso, aunque a veces llegue a mostrar con los actos que enfrentaba los miedos, en el fondo sentía todo lo contrario, **me moría de miedo de enfrentar la autoridad de mis padres, de los maestros, de los jefes, de las creencias, de la religión y de los valores impuestos por la sociedad,** me desesperaba mostrarme de una manera y sentir en el fondo que era una cobarde e incapaz de contradecir a mis instructores. Sentía mucho miedo a la crítica y a la discriminación solo por pensar diferente, esta situación me llevaba a callar lo que verdaderamente quería expresar, ahogando mis palabras en el silencio.

Siempre quise descubrir hasta dónde puedo llegar, quién verdaderamente soy como ser humano y espiritual, pero **la realidad era que siempre viví la vida que el modelo educativo impuso, sin darme cuenta permití en mi mente la programación para ser:**

- la "niña buena",

- la mejor alumna,

- sacar las mejores calificaciones,

- ser el orgullo de la familia,

- ser la mejor bachiller del Colegio,

- ser la mejor alumna en la Universidad,

- conseguir un buen empleo,

- seguir todas las instrucciones.

Con esta programación mental **nunca dije no quiero o no puedo, aceptaba reglas y normas en silencio con la mejor actitud y la mejor sonrisa, fui educada para ser obediente a lo que impone la religión, lo que ordenan los maestros, lo que ordenan mamá y papá, lo que ordena el esposo, seguir instrucciones de los catedráticos universitarios, seguir instrucciones de los jefes y empleadores, diseñada para participar de todos los rituales familiares, sociales, tradicionales y religiosos.**

El ideal del ser humano convencional es ser mejor en todo, hasta aquí pensaríamos que no existe ningún problema en ser mejor en todo, lo interesante en este caso es:

- aceptar decisiones que favorecen al SER o a la MENTE de "otras personas" que no seas "TÚ MISMO",

- ejecutar decisiones que no son las que nacen tu corazón,

- aceptar verdades que no son las tuyas,

- adoptar estilos de vida que no estás de acuerdo en vivir,

- permitir que tomen decisiones por tí,

- hablar lo que está permitido hablar y no lo que verdaderamente quieres expresar,

- estudiar lo que te dicen que tienes que estudiar y no lo que verdaderamente quieres investigar o experimentar.

En resumen, ser una marioneta más producida por el modelo educativo para satisfacer los intereses de la sociedad, ser un producto más de la tendencia de controlar la vida y las decisiones de los niños y adolescentes, esta era la tendencia general e ir en contra de esta corriente era prácticamente un suicidio lento.

1980. 6 años.
"La ventaja competitiva de una sociedad no vendrá de lo bien que se enseñe en sus escuelas la multiplicación y las tablas periódicas, sino de lo bien que se sepa estimular la imaginación y la creatividad"
Walter Isaacson.

Jamás pensé que llevar la vida que el sistema educativo consideraba "perfecta" me conduciría en contra de mi verdadero "SER" y pagar un precio muy alto de stress emocional que toda mi vida cargué en silencio; por miedo a contradecir a mis padres y al cuestionamiento social decidí callar.

El stress emocional que causa el alma por ir en contra de la voluntad propia es agobiante, profundizada **con la programación de miedo recibida en las aulas escolares y con la misma disciplina del sistema duplicada en todos los hogares, me llevaron a un completo estado de trastornos en la personalidad**, una insatisfacción producida por el vacío emocional de no lograr desarrollar mi verdadero "SER".

    1.- <u>Tenía miedo a ser responsable de mi vida</u>, desde los 4 años hasta mis 17 años de edad, durante 13 años de mi vida nunca había tomado una decisión sin que pase por el filtro de aprobación de mis maestros o de mis padres, esos 13 años siguiendo instrucciones como un títere, esclava del escritorio como estudiante de Colegio, sumado a un año de pre universidad, 5 años estudiante de Universidad, 1 año estudiante para el examen de grado, en total 20 años de programación como estudiante en un sistema donde nos dicen todo lo que tenemos que pensar, decir y hacer.

Si tengo que resumir en una palabra mi experiencia con el sistema Educativo, me nace decir **"sobrevivencia"**, mi alma en silencio se resistía a la programación total, día a día la lucha en mi interior era evitar perder mi verdadera esencia, la luz interior era como una antorcha pequeña que luchaba por no apagarse, el único alimento de ese fuego interior eran **"los sueños"**.

    2.- Algo tan simple como no poder tomar mis propias decisiones creó en mí conflictos de existencia espiritual que me llevó a desarrollar problemas en mis relaciones personales y humanas.

Llegué a pensar que no existían fuerzas divinas, que Dios no existía, simplemente porque no sentía ninguna fuerza interior que me lleve a ir en contra de la corriente, **me sentía incapaz de conducir mi propia vida.**

3.- Me sentía invadida por el miedo a rebelarme, y ante la incapacidad de sanar las heridas emocionales ocasionadas por la programación recibida, me llené de rabia contra mí misma y contra el mundo, sentía que todos eran cómplices de una hipocresía a través de la educación para manipular y controlar nuestras vidas.

Con impotencia escuchaba repetirse mi historia en muchos niños y jóvenes en las aulas escolares, estaba cansada de ver en los ojos de muchos niños el espejo de mi dolor, sentir que estaban pasando por el mismo silencio que yo estaba pasando me llenaba de frustración e impotencia, sin darme cuenta me transformaba en una **"resentida social".**

4.-   Siempre estuve en silencio en la búsqueda de sanación, desde la programación mental y afirmaciones, hasta terapias alternativas, religiones, grupos de ayuda emocional, grupos de oración, grupos holísticos y esotéricos, toda agrupación que me ofrecía ayuda yo corría con ansiedad a recibir información y llevar a cabo las prácticas y rituales con la esperanza de encontrar la receta mágica de sanación y liberación emocional.

Todas las terapias religiosas y alternativas tenían efectos placebo y temporales con fecha de vencimiento, ninguna me ayudó a trascender como ser humano y liberarme de las cadenas emocionales de falta de autovaloración y falta de amor propio.

Ahora entiendo que por más terapia y oraciones que hacía, jamás sanaría mientras existía **"falta de coherencia"** entre:

- Lo que sentía.

- Lo que pensaba.

- Lo que hablaba.

- Lo que expresaba y actuaba.

La confusión mental por la falta de coherencia en mi vida era tan grande que me dificultaba identificar el origen del dolor, no podía identificar cómo encontrar el camino de la sanación. Sin darme cuenta la falta de coherencia, la falta de integridad me alejaba del verdadero propósito de mi vida, estaba lejos de mi propio **"SER"**.

Dejarme programar para vivir una falsa imagen de mí misma me ocasionó conflictos de personalidad.

Seguir instrucciones como **títere del modelo de comportamiento impuesto por la sociedad a través de la programación recibida en la educación,** alimentó en mi interior un ego falso y vacío.

¿Cómo conciliar con la tendencia a aferrarse al pasado, a la falta de perdón, al miedo y a la frustración?

"Dejar ir significa darse cuenta de que algunas personas forman parte de tu historia, pero no son tu destino". —Steve Maraboli

Con la conciencia de estas vivencias los invito a abrir la mente y el corazón y aprovechar las experiencias descritas en este libro para generar una nueva conciencia.

Invito a promover en la nueva generación el enfoque en desarrollar el verdadero **SER a través de una EDUCACION INTEGRAL**, aperturar la mente a una filosofía de vida dirigida a descubrir la vocación personal hasta descubrir el propósito de vida que nos trajo a este mundo, este camino nos llevará a todos a TRASCENDER como personas y aperturarnos a liberar el pasado, perdonar, liberar el miedo y la frustración.

Como padres tenemos que generar la conciencia y responsabilidad, en nuestras manos está mostrar el camino para formar la personalidad de nuestros hijos, tenemos la oportunidad de abrir o cerrar puertas a los sueños de la futura generación; si las abrimos estamos aportando a la humanidad a que se desarrollen genios brillantes en beneficio del planeta, si las cerramos, estamos multiplicando dolor y frustración en el desarrollo de la "existencia" de nuestros hijos.

Decidí sanar y limpiar mis sentimientos, **dejo de ser cómplice y encubridora de la indiferencia ante la crisis y mediocridad del sistema educativo**, evito transmitir la sumisión en mis hijos, a partir de este momento soy agente de cambio y decido que mi vida tenga un propósito para la humanidad, quiero trascender y dejar un legado con mi vida para ayudar a trascender a más personas, lo contrario sería ser un objeto programado del viejo molde de pensamientos, **decido cortar los hilos que me unen al actual sistema, escribiendo esta obra literaria para apoyar con mi testimonio a fortalecer la conciencia de la necesidad del cambio en la educación y en la forma de ver y vivir la vida.**

Manifiesto un mundo mejor para mis hijos y los hijos del mundo, un sistema educativo donde nos enseñen:

- un estilo de vida activo y saludable,

- a educar y aprender a gestionar nuestras emociones,

- a profundizar el conocimiento en nosotros mismos, "autoconocimiento",

- a descubrir nuestras habilidades y ponerlas al servicio de la humanidad,

- a descubrir nuestra vocación,

- saber por qué vivimos,

- saber a qué vinimos a este mundo,

- cuál es la misión de nuestra vida,

- cuál es el propósito de nuestra vidas,

- por qué existimos,

- para qué existimos,

- cuál es la razón en el planeta,

- saber expresar nuestros sentimientos en libertad de ser,

- el arte de usar las palabras para edificar,

- ver las diferencias entre seres humanos como complementos y aprendizaje,

- formar nuestra personalidad,

- Hacer actividades de vocación y de servicio por amor y pasión libres de condicionamientos,

- construir y desarrollar relaciones humanas en el marco del amor y del respeto mutuo de manera incondicional.

Organizando un sistema educativo que nos ayude a encontrar estas respuestas en nuestro interior, estaríamos listos para dirigir por completo la mentalidad humana a una sociedad de paz, integración sin fronteras, amor, felicidad, desarrollo de las artes, ciencias, sabiduría, donde podemos convivir con toda vida existente en el planeta, sin discriminación, en completo equilibrio, de esta manera estaríamos asegurando un paraíso terrenal para las futuras generaciones, en el área física, mental y espiritual, viviendo en completa integridad.

¿Cómo saber si estoy listo para trascender como persona a pesar del actual sistema educativo?

Si consideras que el actual sistema educativo está cumpliendo su rol y no hay nada que cambiar, te invito a reflexionar y responder desde lo más profundo del corazón las siguientes preguntas:

1. ¿Sientes la felicidad en lo más profundo de tu SER en este momento?

2. ¿Tu vida está influyendo, está inspirando a los seres que te rodean a ser felices?

3. ¿Eres próspero?

4. ¿Tu prosperidad está ayudando a más personas a cumplir sus sueños y a cumplir los sueños de sus hijos?

5. ¿Estas multiplicando la prosperidad?

6. ¿Sientes integridad en todo lo que haces en tu vida?

7. ¿Existe coherencia entre lo que sientes, piensas, hablas y haces?

8. ¿Sientes el alma llena de paz y honestidad?

9. ¿Las relaciones humanas con los seres que te rodean son llenas de respeto, tolerancia, amor y equidad?

Si la respuesta todas las preguntas son afirmativas en su totalidad, mil felicidades, eres un ser humano que ha desarrollado por completo el SER, vives con integridad y coherencia y es muy importante para toda la humanidad que puedas compartir el camino que te llevo a trascender para ser luz en el mundo.

Si tardaste en contestar, te tomaste tiempo en meditar o pensar cada pregunta, o existe una respuesta negativa a las preguntas, reflexiona y revisa tus valores, es muy probable que el virus del lado oscuro del sistema educativo siga en tu sangre y estás viviendo en el autoengaño mental, con raíces en el egoísmo y la indiferencia, en el fondo corres el riesgo de desembocar en una vida vacía sin sustancia.

En este libro voy descubriendo las memorias de la niñez, adolescencia y desarrollo personal que viví con la educación tradicional, desahogo el silencio de 42 años que me acompañó como un fantasma y generó el bloqueo de mi "SER", servirá de guía al lector como advertencia y como inspiración para hacer los cambios y evitar la duplicación de la misma historia.

A través de liberar la historia encuentro el camino de la sanación, me libero y libero a mis hijos de las consecuencias de la maldición generacional del **"crimen llamado educación"** (frase de Jürgen Klaric), ahora mi existencia está dirigida a promover el cambio de mentalidad que nos llevará a trascender como seres humanos.

En este sentido somos parte del cambio a través de nuestros actos, estableciendo estrategias claras y definidas para seguir:

1. El primer paso es **generar la conciencia a través de la INFORMACIÓN,** reconocer que caminamos el camino equivocado y aceptar los hechos del pasado como una escuela para aprender, hacer la radiografía de los hechos para detectar los pensamientos erróneos programados y liberarlos para permitir la sanación con el ingreso de la nueva información.

2. El siguiente paso es **iniciar una filosofía de vida con integridad,** a través del **CONOCIMIENTO y la EDUCACIÓN** nos programamos con pensamientos de la nueva conciencia que nos llevan al "Autoconocimiento de nuestro verdadero SER", y nos libera de las cadenas de la mentira y la máscara del autoengaño, asimismo nos otorga el coraje y la valentía de enfrentar el miedo de vivir en la verdad, vivir la propia vida sin máscaras y sin etiquetas sociales, culturales, religiosas o filosóficas.

3. El tercer paso es **transformarnos en influencia positiva a través de las RELACIONES HUMANAS con COHERENCIA,** convertirnos en modelos de seres humanos que las actuales generaciones quieran seguir y copiar; mantener el estilo de vida con integridad y coherencia para toda la vida. La consistencia en mantener el SER en todas las instancias de nuestra vida nos lleva a duplicar y multiplicar el cambio de la mentalidad a nuestro alrededor, de esta manera podemos cambiar el mundo para trascender a la humanidad entera.

Es momento de romper las cadenas mentales y emocionales que arrastramos de generación en generación.

Decido hacer mi parte...

"Si quieres cambiar el mundo, cámbiate a ti mismo".
Mahatma Gandhi.

3

Capítulo tres

El sistema educativo crea las condiciones para la carga emocional en la Infancia

"Lo peor es educar por métodos basados en el temor, la fuerza, la autoridad, porque se destruye la sinceridad y la confianza, y sólo se consigue una falsa sumisión."
Albert Einstein.

A.- La Influencia de los Padres

*"No limites a tu hijo a tu propio aprendizaje, porque
él nació en otra época"
Rabindranath Tagore.*

La psicología del miedo se expresaba en los hogares bolivianos y en las escuelas y colegios a través del maltrato físico y psicológico, era normal que un maestro golpee y castigue al alumno, era normal en los hogares de núcleos familiares que los padres descarguen las emociones negativas en los hijos a través de golpes en la integridad física y maltrato psicológico a través de gritos e insultos, **la depresión e impotencia de padres e hijos a la vez se mezclaban en los dramas familiares ocasionando traumas y tragedias que quedaban grabadas como huellas de cemento en las memorias familiares, trasladando las frustraciones de generación en generación.**

El abuso físico y violaciones de niños y jóvenes dentro del hogar a cargo de un familiar cercano eran escándalos secretos a gritos en la sociedad, el varón era intocable en las infidelidades conyugales y la dama era protagonista y espectadora sumisa, ingenua y silenciosa de los acontecimientos del hogar.

Dramas, peleas, maltratos físico y psicológicos eran historias comunes en las charlas de la generación de nuestros abuelos y nuestros padres, siempre en bajo perfil, evitando el escándalo público, esos eran los modelos cuando llegué a este mundo el año 1974.

Mis padres crecieron con el viejo modelo educativo basado en el castigo físico, temor y miedo, como resultado ambos provocaron la salida brusca y anticipada de sus hogares y abandonaron los Colegios, mi padre Roger José Centeno Sánchez en el año 1966 a los 16 años escapó del control familiar y de manera independiente salió del sur de mi país desde una localidad llamada Yacuiba y viajó por tierra 1153,30 kilómetros hasta la ciudad de La Paz, la ciudad principal en la cordillera para enrolarse en las filas del Colegio Militar en la búsqueda de cumplir su sueño en contra de la voluntad de su padre.

El año 1973 mi madre Solia Magdalena Castro Suárez una hermosa adolescente de 15 años de la población de Montero en el departamento de Santa Cruz, también en la búsqueda de la independencia, aceptó casarse con su novio militar con el sueño de salir de su pueblo a conocer otras ciudades del país.

Perfil Genealógico de Roger José Centeno Sánchez: nacido en la localidad de Villamontes el 8 de Julio del año 1949, militar del ejército Boliviano Arma de Caballería, actual escritor e historiador, hijo de José Centeno Bilbao La Vieja Ex - combatiente de la Guerra del Chaco (conflicto bélico entre

Bolivia y Paraguay 1932-1935), Maestro y Escritor nacido en La Paz y de Ercilia Sánchez Zambrana, Maestra nacida en el Chaco Boreal hoy Territorio de Paraguay (territorio boliviano perdido en la Guerra del Chaco con Paraguay).

Perfil Genealógico de Solia Magdalena Castro Suarez: nacida el 20 de Agosto de 1957 en la población de Minero en Santa Cruz, Licenciada en Idiomas y Maestra, hija de Ignacia Suarez Vda. De Castro, ama de casa nacida en Magdalena, Beni, y de José Castro Postigo, sub oficial del Ejército Boliviano nacido en Cochabamba.

Describo el árbol genealógico de mis padres, para entender el molde de pensamiento que ellos llevaban, es interesante observar a través de la región de nacimiento y ocupación como se definen las tendencias de transmisión de educación, es interesante observar **cómo los padres crean las condiciones culturales y generacionales para el molde de la personalidad de los hijos,** a la vez se define las tendencias de mentalidad en que se desarrolla la historia.

Ubicarnos en el tiempo y en el espacio de la generación en que se desarrolló la mentalidad de nuestros padres y abuelos, nos permite entender el origen de la formación de los pensamientos iniciales que dominarán la conducta inicial de los descendientes.

En pocas palabras **"las creencias, valores y filosofía de vida de un ser humano para la construcción de la personalidad se desarrollan en los primeros años de vida"** e influyen las condiciones emocionales en que fueron formados los padres.

Al respecto en el portal virtual de la página oficial de UNICEF (United Nations International Childrens Emergency Fund / Fondo Internacional de Emergencia de las Naciones Unidas para la Infancia) en internet se puede encontrar el informe con la afirmación que "la primera infancia abarca desde la gestación, pasando por el nacimiento, hasta los 8 años de edad", esta etapa es crucial para el desarrollo de los niños y en particular el periodo que de 0 a 3 años es el cimiento de la vida, ejerce una enorme influencia en la manera en que se desarrolla después la infancia y la adolescencia.

La educación es generacional, investigar y entender de dónde venimos y cómo llegamos a este mundo, en qué condiciones emocionales nos recibieron, cuáles eran las circunstancias que nos acompañaron al momento de nacer, nos da una pauta de la visión de adónde vamos; entendiendo el pasado, comprendemos el presente y sembramos las acciones para mejorar el futuro.

Me llevó muchos años procesar la historia del nacimiento que me ha correspondido como ser humano, para una niña de 4 años no es fácil escuchar historias de dolor, a esa edad tengo la conciencia de pensamientos de recuerdos de conversaciones de mi tías y abuelas conversando las adversidades que pasaron mis padres durante mi nacimiento. A los 7 años entendí la historia cuando me tocó vivir en casa de mi abuela materna y a los 14 años entré en consciencia de cómo los hechos influyeron emocionalmente en mi personalidad.

Entender que llevaba en mi sangre semillas de las 5 regiones de mi país Bolivia (de la cordillera del Occidente, de los Valles del centro, de los llanos del Oriente, de las Selvas tropicales de la región amazónica del Noreste y de los bosques semiáridos del Sudeste), me generó la conciencia de integración, mis primeros 7 años de vida se desarrollaron en una mezcla cultural de costumbres y tradiciones de la cordillera, de los valles, del chaco y del trópico.

Gracias a esta mezcla cultural el sentido común se desarrolla con la creencia que ninguna tradición o cultura era mejor que la otra, simplemente porque veía y escuchaba la convivencia natural de todas juntas, este pensamiento fue crucial en mi vida, me acompañó en todo mi proceso de crecimiento personal y logró blindarme de ideas regionalistas o sectaristas con una u otra región que podían dilatar mi desarrollo personal ante la neutralidad, asimismo el rechazo natural ante seres humanos con pensamientos sectoriales que podían influenciar mi manera de pensar.

Hoy entiendo que es saludable para la humanidad la globalización de culturas, ayuda a fortalecer la integración de los pueblos y ayuda a desvanecer el individualismo y fanatismo sectarista de las regiones.

Puedo decir que es una bendición que no me haya identificado con ninguna región en especial de mi país, me ayudó a desarrollar un instinto de adaptación con las diferentes regiones y costumbres que me tocó vivir en el transcurso de mi vida y un instinto natural de rechazo ante cualquier actitud sectarista o regionalista.

Tanto mamá, como papá, tenían muchos sueños de superación personal desde el inicio, para la mentalidad arcaica de la época tuvieron que tomar decisiones revolucionarias en contra de la sumisión paternal que se encontraba empoderada por las tradiciones y costumbres familiares.

Papá, con la rebeldía en la sangre por la insistencia en cumplir su sueño en contra de la voluntad de mi abuelo, abrazó la disciplina militar y llegó a ser Oficial del Ejército Nacional en el grado de Coronel en el Arma de la Caballería.

Mamá, decidió asumir la responsabilidad de la maternidad siendo adolescente, estudiar y trabajar para aportar en el sostenimiento económico del hogar, y en la adultez cumplir su sueño a los 43 años de obtener título profesional universitario de Licenciatura en Idiomas.

Tuvieron valentía para decidir por voluntad propia conformar un hogar siendo adolescentes (papá con 22 años y mamá con 15 años), con la motivación de ser independientes en sus vidas; el único activo valioso que desarrollaron el primer año fue <u>una bebé</u>.

Su primera hija contra todo pronóstico salió mujer, un golpe duro para una sociedad que fomentaba el machismo, la gran mayoría de padres deseaban un primogénito varón, por tanto una mujer como primogénita pocas veces era motivo de festejo.

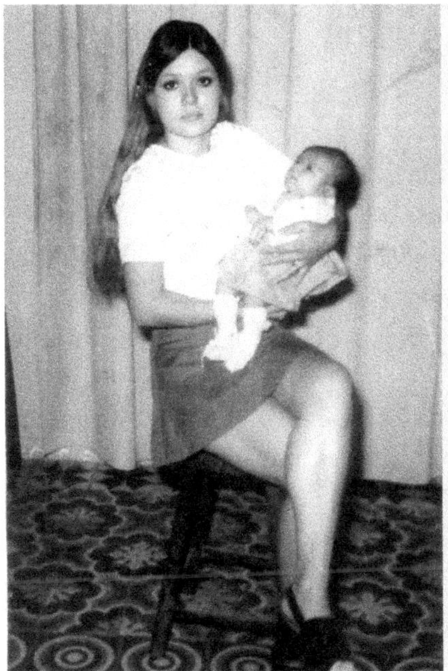

Abril/1974 recién nacida en brazos de mi mamá de 16 años de edad.
"Nuestra habilidad para adaptarnos es increible. Nuestra capacidad de cambiar es espectacular."
Liza Lutz.

En la región oriental de Bolivia en la década de los años 1970 entre las adolescentes, era normal comprometerse y aceptar el matrimonio a los 15 años.

La mentalidad de las jóvenes era programada para duplicar el modelo de "ser esposa y madre" antes que ser profesional, por diferentes circunstancias creadas por la misma sociedad, entre estas circunstancias las más puntuales describimos a continuación:

- la falta de orientación vocacional y desarrollo de habilidades para mujeres en el sistema educativo,

- la formación machista duplicada en los hogares por los padres,

- el modelo ejemplo visual de la mamá "ama de casa" cuidando a los hijos y sin pretensiones de superación personal,

- la escasa información de carreras universitarias y la falta de divulgación y protagonismo de la participación de mujeres en carreras universitarias,

- la inexistencia de información en relación a mujeres involucradas en emprendimientos y vida empresarial,

Estas circunstancias fomentaban el bajo porcentaje de mujeres con aspiraciones de crecimiento profesional y educativo, ni qué hablar de desarrollo personal, la cultura de la lectura era prácticamente escasa.

Las aspiraciones de las jóvenes eran programadas para obtener un buen matrimonio con un hombre profesional y trabajador que asegure el sustento del hogar, era el objetivo duplicado generación tras generación por las madres y los padres.

Moldes de pensamientos que formaba hogares con falta de equidad, lleno de frustraciones y resentimientos sociales, bloqueando el desarrollo del SER en la nueva generación.

"A nada en la vida se le debe temer. Solo se le debe comprender". Marie Curie

B. La Influencia de la Gestación y el Parto

**"Solo cuando dejamos de temer,
comenzamos a vivir"
Dorothy Thompson**

Fue un embarazo difícil, con amenazas de aborto durante los 9 meses y un parto natural lleno de dificultad para una adolescente de 16 años que se desmayó de dolor en medio del parto natural justo en el momento en que me encontraba con la cabeza casi afuera, "coronada", como dirían en la jerga de los "partos naturales", y el resto del cuerpo aun dentro del cuello uterino de mi madre sin poder salir.

Eran aproximadamente las 10 de la mañana del día 5 de Abril del año 1974, se inicia el proceso de parto, **aunque el cuerpo de mamá era de una mujer, las lágrimas eran las de una niña asustada resignada a sufrir sin entender el proceso natural de dolor al momento de dar a luz**, sin ninguna formación previa en relación al proceso de parto, era natural que ante la falta de información del proceso biológico, ella sea invadida por el miedo en el momento de dar a luz al bebé. Hasta ese momento no se tenía conocimiento del tipo de sexo del feto, en la localidad no existían las formas tecnológicas de preveer la posición en el vientre, y menos el tipo de sexo del que estaba por nacer. Este momento lo visualicé en mi mente y en mi corazón muchas veces gracias al testimonio de mis abuelos maternos que de niña me lo contaron y lo reafirmé en la adultez en una conversación profunda con mi mamá.

Mamá cuenta que antes de mi gestación, tuvo un embarazo de 2 meses de un feto varón que fue abortado de manera espontánea ocasionado por la imprudencia de montar a caballo; en los años 1970 en las provincias de Bolivia no existía educación sexual pública y menos la divulgación dentro y fuera del hogar de conocimientos generales de cuidados de gestación en los primeros meses. Esta situación de ignorancia pre parto ocasionaba una cifra alta de abortos espontáneos, por casos fortuitos y por accidentes caseros.

El trauma de ese aborto la llenó de miedo y le generó sentimientos de culpabilidad al haber perdido un bebé varón.

Mamá quedó embarazada por segunda vez, ella no estaba preparada para dar a luz nuevamente, la segunda gestación llegó prematura, era natural pensar, que en el segundo embarazo, ella sentía miedo de una segunda pérdida. La amarga experiencia del primer embarazo frustrado la llevaba a generar un sentimiento de fragilidad e indefensión en su segundo embarazo, buscando protección y cuidado de mis abuelos maternos, mientras papá tenía que seguir cumpliendo labores militares en otras provincias.

La matriz de su vientre aún no había regenerado completamente del raspaje de la primera pérdida. Al mes y medio de gestación comenzó a presentar nuevas señales de amenaza de pérdida, cada mes la matriz de mamá amenazaba con expulsar al feto, las inyecciones de Gravidinona para retener al feto en el vientre eran frecuentes, la recomendación era estar acostada piernas arriba para evitar cualquier estimulación que incite al aborto.

Mi abuela materna natural del departamento de selvas amazónicas del Beni tenía la experiencia del parto de 6 hijos, llena de supersticiones y tradiciones al momento de cuidar el embarazo. Sin embargo no tenía el hábito de informar y educar de manera previa en relación al tema de sexualidad, gestación y maternidad, **reprodujo en sus hijas la misma forma de aprendizaje que ella vivió de manera empírica y en silencio, sufriendo las experiencias con ignorancia** inicial y encontrando soluciones por señales del instinto de sobrevivencia.

Julio/1974 Trinidad-Beni Julio/1974 Montero-Santa Cruz

En la sala de parto, mamá ya no daba de cansancio, ante la inexistencia de tecnología para ver la formación fetal, se ignoraba el sexo del bebé, no sospechaban que era mujer; mamá estaba sin dormir de los dolores de parto que iniciaron a las 11 de la noche del día anterior, los sedantes que le inyectaron para los nervios la tenían adormecida, la angustia de ver y sentir que el bebé no podía nacer por falta de fuerzas, el rostro de preocupación de las enfermeras, el personal de quirófano que entraba y salía de la sala de parto, le transmitieron a mamá el mensaje visual de que algo estaba mal.

La desesperación y el miedo de la prolongada salida de la bebé provocaron en mi mamá un gran desgaste emocional, ella estaba sin fuerzas para contribuir al parto, los gemidos de dolor que expresaba por la dilatación la sacudieron, sumado al desgaste físico de presionar y pujar en el parto provocaron el colapso de ella, y mientras mi cabeza ya estaba asomando por el canal vaginal, de manera sorpresiva ella se desmaya agotada de quemar toda la energía que tenía hasta ese momento por varias noches de desvelo con dolores de parto.

Ante el desmayo, el médico reacciona inmediatamente e instruye a mi papá de manera urgente que toque las puertas de colegas médicos que vivían a pocas cuadras, hasta conseguir un utensilio llamado "fórceps" utilizado para estos casos de dificultad y complicación en el canal de parto natural y permitiría ayudarme a moverme a través del canal de parto para ser evacuada totalmente del útero de mi mamá. Lo contrario era morir por asfixia en el útero en un proceso de parto que no llegaba a la conclusión.

Papá y abuelita salen corriendo en búsqueda del instrumento a pocas cuadras del quirófano, cruzando la plaza de la población de Montero, aquellos minutos largos atascada en el cuello uterino de mi mamá provocó casi una asfixia que me cambió de color a tonalidades violetas oscuras, hasta ese momento cuenta mi abuela materna que las apuestas a mi vida estaban disminuyendo, inclusive ya estaban anticipando la posibilidad de problemas cerebrales.

Gracias a la ayuda del "fórceps" logré nacer, mientras mi madre ante el desmayo era sostenida y asistida por dos enfermeras hasta terminar el parto, el parto fue intenso, el médico y las enfermeras cumplieron la labor hasta extraerme totalmente del cuello uterino de mi mamá.

Efectuaron protocolos médicos de reanimación de recién nacido, entre ellos introducirme por la boca una sonda para expulsar el líquido amniótico que había tragado, para que luego de palmadas fuertes con las manos del médico, logré soltar el llanto de dolor que festejaba el milagro de la vida aproximadamente a las 11:30 de la mañana.

Así llegue a este planeta, con ligeros hematomas en la cabeza ocasionados por el fórceps, con sufrimiento fetal y crisis de parto, con transmisión de miedo y dolor en los gritos de mamá, con las oraciones de mi abuelita materna que angustiaba oraba por la vida de su hija y su nieta esperando en el pasillo del quirófano, con el stress emocional de mi papá ante el miedo de perder a su esposa y su segundo bebé, con la preocupación de las enfermeras y de los médicos. Todo este panorama quedó marcado en mi cuerpo emocional como una frecuencia de energía que se transmite para ser improntado en el inconsciente, el desmayo de mi mamá en el parto natural, fue un total recibimiento simbólico de miedo a vivir.

"No se puede incidir en el propio nacimiento, pero sí en el renacer para vivir a plenitud".- Abel Pérez Rojas

C. La Influencia del entorno durante la Infancia

"La inteligencia emocional comienza a desarrollarse en los primeros años. Todos los intercambios sociales que los niños tienen con sus padres, maestros y entre ellos, llevan mensajes emocionales".
Daniel Goleman

Siguiendo los patrones de conducta milenarios, las historias de la familia se transmitían de generación en generación de manera verbal, esa misión estaba a cargo de mi abuela materna, ella se encargaba de contar las historias de dramas familiares y obviamente la del sufrimiento de mamá durante la gestación y la crisis del parto estaba en la lista de conversaciones de la familia, una y otra vez mi abuela contaba la historia en las reuniones familiares donde me encontraba presente de oyente mientras jugaba, esas historias eran contadas como un desahogo al stress y sufrimiento guardado en la memoria de mi abuela.

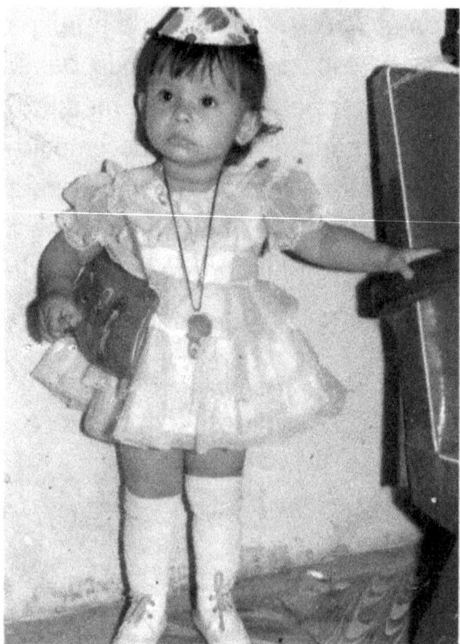

*Año 1975. La infancia. 1 año. **"Enseñar no debe parecerse a llenar una botella de agua, sino más bien a ayudar a crecer una flor a su manera"** Noam Chomsky.*

Por el lado de mi línea materna era la primera nieta, y ese privilegio me conectaba un lazo sentimental con ella para escuchar la historia una y otra vez, eran frecuentes los comentarios:

- "Vieran como sufrió mi hija en el parto…"

- "Si hubieras visto como lloraba…"

- "Pobrecita mi Solia se desmayó de dolor, la bebé muy grande para el cuerpito de mi hija,…"

- "Diga usted que la bebé no quería nacer…"

- "Pobre mi nieta casi se muere en el parto, su nacimiento fue un milagro del cielo…"

Y así, se sucedían las frases una y otra vez, hasta que se hicieron comunes en mi mente consciente y me dieron el enfoque para ver a mi mamá como víctima y mártir del destino y luego verme como la segunda víctima y mártir después de mi mamá. Por último, mi abuelita repitió tantas veces que mi vida era un milagro del cielo y que estaba predestinada a una misión especial, con **esa programación me alimentaba el ego en mi primera infancia, con el pensamiento que era diferente de los otros niños, así fui creando una burbuja de individualismo en mi personalidad.**

A la vez estaba recibiendo sin darme cuenta **la programación mental de drama y dolor que en el transcurso de mi vida generaron sentimientos de víctima y de mártir y me llevaron a ejercer con sumisión y obediencia apasionada los compromisos que adquiría en diferentes etapas de mi vida.**

A continuación resumo la evolución de la transformación emocional de la infancia a la niñez en fotografías, gráficamente por el lenguaje corporal y la expresión facial se puede percibir las emociones y sentimientos dominantes en cada etapa, **según la Kinésica o Estudio del Lenguaje Corporal las emociones hablan a través del cuerpo.**

Los seres humanos somos mayormente visuales, la mente emocional capta las emociones a través de la expresión del cuerpo, en este sentido invito a observar la mirada, la manera en que sostenemos los brazos, la rigidez o soltura del cuerpo, la gesticulación del rostro, si todo en conjunto armonizamos en el cerebro llegaremos a captar la sensación de "entender" "conocer" el sentimiento de lo que estamos "observando", un ejercicio sencillo que puedes iniciar con las fotografías ordenadas a continuación y que puedes seguir ejercitando en tu propio álbum familiar, causa sorpresa todo lo que percibimos y sentimos a través de la observación y visualización cuando pasamos a ser "observadores en silencio":

Observación del Lenguaje Corporal.- Observando las fotografías en la actitud y en la mirada de la infante bebé se ve la alegría, energía y entusiasmos contagiantes.

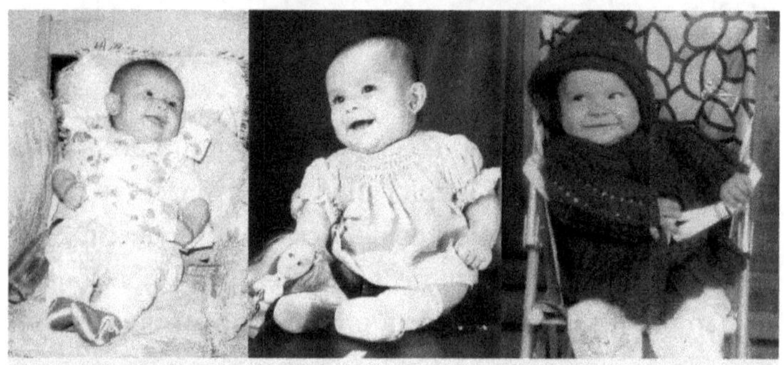

Año 1974 La infancia de 0 a 1 año

Al cumplir el primer año el rostro es de confusión y sorpresa. A los 2 años se ve incertidumbre y miedo, sumado a la actitud de sumisión en el lenguaje corporal, es la etapa en que ya estaba domada para seguir las instrucciones de los padres o adultos.

Actitudes normales y típicas de la generación del 70, la comunicación que venía de los padres era manifestada como órdenes y entonaciones de voz fuertes al hablar, sobre todo en el desarrollo de los hábitos diarios: "a bañarse", "a comer", "a estudiar", "a jugar", "no pelees", "no ensucies"

"no toques", la mayoría de las veces en tono grave y determinante, **la palabra "NO" era la más frecuente y duplicada
en el vocabulario de nuestros abuelos y nuestros padres.**

*Año 1975. Festejo de mi primer. Año acompañada
de mis abuelos maternos*

Año 1975. La Infancia de 1 a 2 años

Año 1976. La infancia de 2 a 3 años con mi hermana Sandra

Recibir consecutiva y permanentemente la palabra "No" en la vida cotidiana generaba un sentimiento de inseguridad y miedo, **como infantes de la generación de 1970 no teníamos derecho a opinar, es más, no teníamos criterio para opinar.**

La sobreprotección y el control emocional era otra característica que nos limitaba la confianza en el exterior, se manifestaba a través del control de los objetos que tocábamos, las frases: "no toques", "deja eso en su lugar", "se puede romper", nos inundaban la cabeza. Queríamos descubrir y experimentar cualquier objeto alrededor y nos quitaban de las manos para entregarnos solo juguetes, queríamos salir del corral de protección y no nos permitían, si por un descuido nos salíamos del corral o de la cuna nos volvían a colocar dentro del mueble para quedar limitados en el espacio de movimiento. **El mensaje de marcarnos el territorio y mostrarnos límites a la expansión era claro.**

"La enseñanza que deja huella no es la que se hace de cabeza a cabeza, sino de corazón a corazón".
Howard G. Hendricks.

Año 1977. La infancia de 3 a 4 años

La televisión era escasa, eran las épocas de escuchar las radios, no existían celulares ni computadoras en los hogares, esas circunstancias permitían usar la creatividad en silencio para buscar actividades que nos eviten el aburrimiento y nos saquen de la rutina.

Era típico jugar con los animales domésticos en casa (perros, gatos, loros), hacer casitas y caminos con hojas, piedras y latas; jugar en el patio, correr, curiosear por el jardín, desordenar los juguetes, mirar por la ventana qué pasaba alrededor, hacer guardia en la cocina cuando salía el olor de la deliciosa comida casera de mamá, la reunión familiar del desayuno, almuerzo, té y cena eran sagrados.

Era un acontecimiento cuando llegaba papá del trabajo al final del día, no lo veíamos casi todo el día, salíamos corriendo a recibirlo con un fuerte abrazo, a pesar de la dureza de su tono de voz, como niñas olvidábamos rápido el tenor de enojo y lo extrañábamos en la ausencia, al verlo llegar festejábamos el retorno y la reunión familiar.

Ante la necesidad de cortar el aburrimiento era normal explotar la observación, estar pendiente de encontrar

algo para armar o desarmar, para jugar, para tocar, para investigar.

La niñez está marcada de recuerdos de soledad y silencio en los juegos, buscaba el patio de la casa para realizar la observación, llevaba una diferencia de un año y 4 meses con mi hermana Sandra y cuando tienes 2 años de edad es mucha diferencia con una hermanita que aún está en el corral aprendiendo a sentarse y gatear, Sandra era más pequeña y no podía jugar los juegos con ella al ritmo que quería, por tanto tenía que ingeniarme para hacer mis propios juegos.

La vida militar de vivir en cuarteles y viviendas militares en comunidad provocaba a mi papá mantenernos dentro de casa, manteniéndonos alejadas del movimiento militar, su miedo era que nos acostumbremos a los militares, o que nos lleguemos a enamorar de un militar. **Papá deseaba una vida profesional para sus hijas, soñaba con el éxito en la Universidad y que nos casemos con profesionales que nos alejen de la vida militar.** El deseaba una estabilidad para nosotras, para no duplicar el constante traslado de domicilio cada año que ocurría en la vida militar.

El miedo de mi papá lo llevó a mantenernos encerradas en casa, alejadas de socializar con hijos de militares y extraños en el barrio, para distraernos nos compraba cuadernos para dibujar, pintar, libros de cuentos y muchos juguetes.

Mamá nos leía los cuentos antes de dormir, recuerdo las fabulas de Esopo, Sarmiento, Hermanos Grimm y Samaniego, aunque todavía no sabía leer me encantaba ver los dibujos llenos de colores, escuchar a mi mamá leer los cuentos era el momento favorito al finalizar el día.

Escuchar la lectura de cuentos nos llevaba a usar la imaginación para dibujar como película las historias en la mente, desarrollando la creatividad de visualizar, cada noche éramos fascinadas con cada historia nueva, esta situación obligaba a mis padres a adquirir frecuentemente libros de cuentos. Sutilmente el hábito de buscar libros, de la lectura, de usar la creatividad , dibujar y escribir se estaban formando en el SER.

En mi caso, por el lado materno, las emociones que dominaron a mi mamá antes de mi nacimiento tomaron forma antes de que ella llegue a casarse. Mamá desde los 12 años de edad desarrollaba el arte del canto, era conocida en la población de Montero (a 50 km. De la ciudad de Santa Cruz), por la melodiosa voz que tenía.

Año 1973, mamá adolescente desarrollando el arte del Canto

A los 13 años ganó un concurso de canto y el derecho a grabar un disco en la ciudad de La Paz, implicaba viajar y dejar el Colegio. Este evento de ganarse el premio para ser patrocinada como cantante profesional provocó en mi mamá por primera vez en su vida el sueño de ser alguien especial fuera de lo convencional.

A pesar de que mi abuela estaba dispuesta a acompañar a mi mamá en su viaje y emprendimiento, mi abuelo le cortó el sueño negándole el permiso con argumentos de que era muy niña y de que no podía abandonar el colegio, en pocas palabras cumplir con el colegio era más importante que la aventura de su sueño, sentencia suficiente para liquidar las aspiraciones artísticas de mamá.

La frustración invadió a mi mamá y le provocó anhelar el sueño de salir de su casa. Una de las razones para aceptar la propuesta de matrimonio siendo tan adolescente era el hecho de salir de su casa alejarse de sus padres y aprovechar vivir la experiencia de los viajes del estilo de vida militar.

El timbre de voz de mi mamá cuando cantaba la liberaba de la tensión que ella acumulaba por la presión y responsabilidad que le imponía el sistema de la sociedad al cambiar el rol de adolescente rebelde en busca de independencia a esposa obediente, respetuosa y dependiente.

Ahora que mamá tenía una bebé y quedaba a solas en la vivienda militar, cuando papá salía todo el día al cuartel, ella me arrullaba en brazos y me cantaba con devoción y dulzura, las canciones grabadas en su corazón.

Mamá descargaba a través del canto la pasión, la tristeza y las frustraciones de los sueños truncados por la decisión de su padre y la soledad de quedarse en el cuarto cuidando a la bebé a esperar la llegada de su esposo, quedando resumida a una vida convencional.

Hoy existe divulgación de información en internet a través de páginas científicas que desarrollan el "<u>principio de Resonancia</u>" y manejan el concepto que las emociones y los sentimientos son frecuencias de vibración de energía que se transmiten a través de las palabras y las entonaciones de voz como ondas de radio, estas pueden alterar las frecuencias de las personas que le rodean como un magneto.

Es decir, que podemos afectar a las personas que nos rodean como influencia positiva o negativa con nuestra expresión corporal, facial, lenguaje y entonación, en razón a que son expresión de nuestras emociones y sentimientos.

En este sentido se han desarrollado terapias basadas en el sonido como la Musicoterapia o terapia de la Música y la Sonoterapia o Terapia del Sonido para afectar la actividad cerebral y los patrones de expresión físicos y psíquicos.

El calor de los brazos de mamá, el amor en su pecho cuando me abrazaba, y la mirada de sus ojos marcaron mi inconsciente. Era una tristeza mezclada de dulzura, la combinación de esos sentimientos me desarrollo apegos a la mezcla de esas dos emociones juntas, generaba un sabor de melancolía.

En el transcurso de mi vida cuando desarrollaba sensibilidad la asociaba también a la tristeza, en pocas palabras mi cerebro inconsciente se grabó que era "normal" abrazar la tristeza en la soledad, ese constructo de pensamiento me llevó a ser introvertida y observadora en la primera infancia y abrazar la soledad como compañera en el transcurso de mi vida, cuando expresaba sensibilidad la asociaba también a la profunda tristeza, la frecuencia de estas emociones con el tiempo me llevaron a sentir depresión en la adultez.

La escena de mamá cantando mientras me arrullaba la veía en sueños hasta que en una conversación con mi abuelita materna a los 12 años le conté el sueño, estaba convencida que era producto de mi imaginación.

Sin embargo, mi abuelita sorprendida me pide le describa el lugar, y le describí exactamente el tamaño de la ventana, la forma en que estaba vestida mi mamá, el largo de su cabello, la posición de los muebles, todos los detalles coincidían con la descripción de la casa en que habitaban el año 1974 en Trinidad- Beni cuando tenía cumplidos 3 meses de nacida, con ese tiempo de nacida tuve mi primer viaje en avión desde Santa Cruz a Trinidad.

Fue un gran descubrimiento que pasó de mi mente inconsciente a mi mente consciente y sigue vivo el recuerdo y todos los detalles hasta hoy.

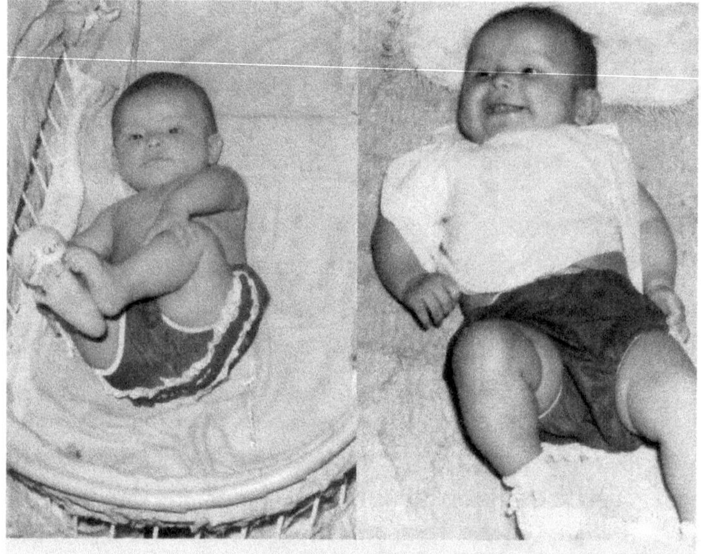

*Año 1974. 0 a 6 meses de nacida. **"Lo que se dé a los niños, los niños darán a la sociedad".** Karl A. Meninger*

Eran los primeros recuerdos de mi mamá guardados en la memoria, cuando estaba en el moisés (cuna de recién nacida), no es frecuente tener recuerdos de la vida con apenas 3 meses de nacida, en mi caso tengo claro el recuerdo de mi mamá cantando canciones de cuna y típicas de la zona mientras estaba en sus brazos.

De papá recuerdo su voz fuerte y en tonos altos cuando hablaba, y la brisa que ingresaba al cuarto de manera intempestiva cuando el abría la puerta y mencionaba el nombre de mi mamá anunciando su llegada, sentía fortaleza y autoridad. **Para una niña en su primera infancia el padre era símbolo de disciplina y autoridad en la casa, y la madre de obediencia y protección.**

Es causalidad que en la sociedad latina estos símbolos definan los modelos maternos y paternos en la familia latina del Siglo XX y sea el ejemplo más frecuente que se duplica en cada familia de generación en generación.

¿Cómo conciliar con la carga emocional de las influencias en la infancia?

"La persona inteligente emocionalmente tiene habilidades en cuatro áreas: identificar emociones, usar emociones, entender emociones y regular emociones". John Mayer.

Hoy en día existen estudios como el elaborado por la Universidad de Pekín, en China a través del profesor Jianmeng Liu, vicedirector del Instituto de Salud Reproductiva e Infantil del Centro de Ciencias de la Salud de la Universidad de Pekín, y los estudios publicados en varias ediciones de la revista médica "International Journal of Obstetrics and Gynaecology", establecen que **las sensaciones durante el parto quedan guardadas en la mente del bebé y le acompañarán el resto de su vida, marcan la personalidad y son recordadas cada vez que vive una circunstancia de pérdida.**

Cuando investigué en el internet usando el canal de búsqueda "como afecta el parto al bebé" salen los diferentes links que mencionan las investigaciones y estudios científicos con estas conclusiones, al estudiarlos entendí como afectan a la personalidad los traumas emocionales ocasionados en el parto y la importancia de generar un ambiente propicio para el nacimiento del bebé.

Asimismo estos estudios científicos establecen que los niños en cuyos partos se usaron fórceps o ventosa, o nacen mediante un parto vaginal espontáneo, mostraban niveles más altos de hormona cortisol que el resto de los niños nacidos por cesárea, y desarrollaban problemas de ansiedad, depresión, dificultades de atención y agresividad que los que habían nacido mediante cesárea.

Si el niño en su primera infancia de 0 a 4 años recibe estímulos de desorientación en las emociones, la personalidad puede desarrollarse con inseguridad y falta de confianza en sí mismo y en los demás, con este perfil tiene muy pocas posibilidades de aprovechar las oportunidades que le ofrezca el mundo, al respecto Daniel Goleman, psicólogo estadounidense, realiza el estudio a fondo del aprendizaje emocional en su libro "Emotional Intelligence" (en español Inteligencia emocional) publicado en 1995.**La gran mayoría de la humanidad en el planeta no tenemos conciencia de lo que significa la "Inteligencia Emocional" en la Educación, menos de la importancia de saber canalizarla como padres en el embarazo y en los niños.**

Prueba de ello son los problemas de relaciones humanas que vemos actualmente en todos los sectores de la sociedad. **La inteligencia emocional es tan importante que debe ser considerada como una materia en la escuela desde el Jardín de Infantes de esta manera coadyuvamos a conciliar la saturación de la carga emocional** recibida en la infancia por nuestro entorno familiar y social.

En este sentido es prudente entender los estados emocionales de nuestros padres y las circunstancias que los generaron para entender el orígen de nuestra personalidad, **si invertimos tiempo en conocer el proceso de nuestra gestación e infancia estaremos conociéndonos a nosotros mismos.**

Esta investigación nos permite liberarnos del sentimiento de víctimas para descubrir la neutralidad y **entender que lo que nos toca vivir es un proceso de vida fruto de un sistema de creencias y hábitos,** está en nosotros mejorar o evitar duplicar lo que no nos ayuda a trascender y desarrollar lo que nos ayuda a trascender.

En la primera infancia el inconsciente recibe los lineamientos para definir la personalidad y el carácter, la mente del niño es como tierra fértil, y todos lo que ve y percibe alrededor es como la siembra de elementos de criterio para definir el razonamiento y las creencias que irán determinando la filosofía de vida que lo guiará para dar sus primeros pasos independientes.

De solo imaginar lo que cada niño hispanoamericano vive y recibe sin dirección y sin orientación durante la niñez, en las calles, suburbios, barrios suburbanos, escuelas, colegios, a través de la televisión, el Internet, las historias de los juegos electrónicos y el entorno, nos pone a reflexionar y evaluar la calidad de seres humanos que tendremos los próximos 50 años.

Por esta razón es importante la nueva educación con el enfoque en el desarrollo del Ser antes que el Intelecto, en el desarrollo de las habilidades blandas como materias básicas en la enseñanza del Colegio.

Al respecto, investigando en el internet en relación a las habilidades blandas más importantes encontramos un artículo de Diario Pyme de fecha 3/Julio/2017 que publica una declaración de Benjamín Toselli, presidente ejecutivo de la consultora IT Hunter,al respecto a las habilidades blandas sostiene que las **habilidades blandas** son piezas clave para que un individuo se relacione adecuadamente con el resto de las personas, entre ellas las más notables son diecisiete (17): **ética, responsabilidad, empatía, sociabilidad, facilidad de comunicación, escucha activa, trabajo en equipo, adaptación al cambio, creatividad, capacidad para resolver problemas, optimización del tiempo, actitud positiva, espíritu de servicio, seguridad personal, tolerancia a la presión, asertividad, respeto a las opiniones.**

Con el desarrollo de las habilidades blandas los niños y adolescentes en formación podrán desarrollar filtros mentales naturales a manera de "instinto" o "sentido común" para eliminar las creencias y pensamientos que no se adecúan a los valores y filosofía de vida que les favorece, de esta manera estaremos formando una sociedad con elementos de criterio para "Trascender".

"¿Sabías que del 70-80% del éxito en la edad adulta proviene de la inteligencia emocional?" Así lo afirman psicólogos expertos como Daniel Goleman y J. Friedman.

4

Capítulo cuatro

La Inseguridad, la falta de apoyo, la impotencia y la desconfianza que heredamos en las aulas escolares

"La educación no es preparación para la vida; la educación es la vida en sí misma".
John Dewey.

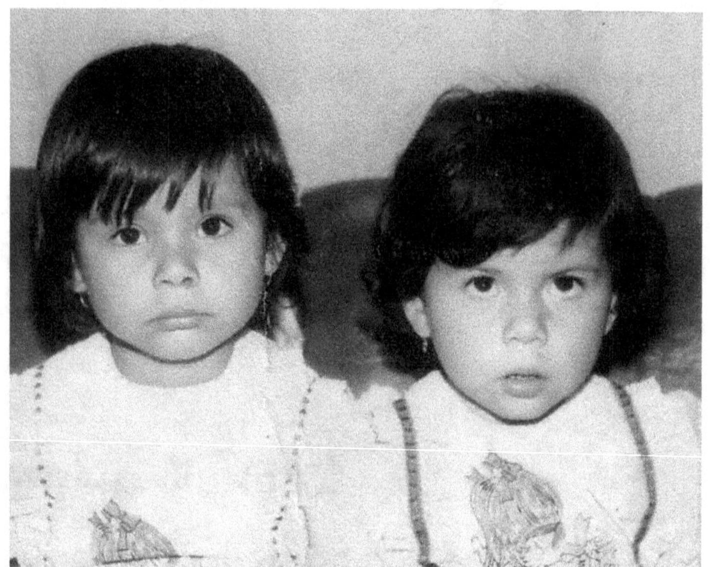

"La educación es lo que sobrevive cuando lo aprendido ha sido olvidado".
B. F. Skinner.

Tenía 5 años cuando recibí la noticia que tenía que ir a un lugar llamado jardín de infantes, pre - básico o pre Escolar, no tenía ninguna idea de lo que significaba el colegio. Un día me levantaron temprano de la cama y me vistieron el uniforme blanco, me dijeron que iría un lugar donde tendría muchos amigos y la pasaría muy bien, entre miedo y sorpresa me dejé llevar por la expectativa.

Al llegar y ver la gran estructura cuadrangular y simétrica con ventanas con protectores y barrotes de fierro, me dio la impresión que llegaba a un cuartel. Sentí mucho miedo al entrar, **no tenía idea del concepto de colegio, no existía orientación psicológica ni asistencia educativa emocional de parte del sistema antes de ingresar a las aulas escolares.** Por esta razón muchos niños reaccionaban llorando y se resistían a quedarse con rebeldía.

Mis padres emocionados me llevaron anunciando que allí aprendería a leer y escribir y tendría muchos amigos, lo primero que recuerdo el primer día de clases en el pre-escolar de un colegio religioso público en la población del Sur de Bolivia, es ver cómo había niños que se agarraban de las faldas de las madres llorando porque no querían quedarse en el Colegio, gritaban "¡mamá! ¡No quiero quedarme!" y las madres avergonzadas buscaban desprenderse de los niños con fuerza y decisión en señal de autoridad .

Un niño me impactó con su reacción, cuando la mamá lo jaló del brazo para ingresarlo al curso, el niño se agarró del marco de la puerta con todas sus fuerzas y jalaba para afuera del aula escolar gritando y llorando a la vez: **"¡mamá quiero irme a casa, no me dejes aquí, quiero irme contigo!"**.

Esos gritos llenos de miedo y la imagen llena de drama quedó grabada en mi mente, sentí un nudo en la garganta y ganas de llorar, **sentí el dolor del niño en mi corazón como un eco**, abracé las piernas de mi mamá en señal de búsqueda de protección ante el miedo, pero al ver que mi mamá observaba también la escena en silencio y tolerancia sin intervenir, me transmitió con su actitud que lo que estaba pasando era normal y tenía que calmarme.

Mamá sintió las pulsaciones de mi corazón en todo mi cuerpo mientras abrazaba su falda y me coloqué detrás de sus piernas para calmar mi ansiedad, en ese momento un comentario rompe el silencio: **"mira hijita como esos niños se portan mal y no quieren quedarse, tu eres una buena niña porque no reaccionas así"**. Esas palabras fueron como echar agua al calor de mi ansiedad, frenaron mis instintos de resistencia a entrar e hicieron reaccionar mi cerebro lógico con el pensamiento que si obedecía a mamá estaba haciendo lo correcto y lo correcto era hacer feliz a mi mamá y a mi papá.

La actitud de mi madre, fue como un freno a mi llanto, me tragué las lágrimas, sentí un bloqueo en la garganta y sentí que no podía hablar, mi corazón latía aceleradamente y mi respiración se agitaba, esos niños estaban más llenos de miedo que yo, me transmitían todo el dolor a través de sus llantos y gritos, los sentí como míos, no podía evitar sentirme espejo de ellos y sentir lo que ellos sentían. A los 5 años el drama y el dolor ya estaban marcados en mi mente y en mi corazón.

Las imágenes de las madres jalando los brazos de los niños y ver cómo los empujaban a quedarse dentro del curso influyeron en mí como advertencia para que me sienta emocionalmente obligada a obedecer, me dí cuenta que sin importar mi reacción igual tenía que quedarme dentro del aula escolar.

Mi mamá me abrazó, me dio un beso en la frente y me pidió me tranquilice y como consuelo me alienta diciéndome que al final de la mañana me gustaría la clase, que me darían ganas de volver y que me esperaría a la salida para llevarme de regreso a nuestro hogar.

Al final los gritos y llantos fueron disminuyendo conforme las mamás y los papás se retiraban y **todos terminamos dentro del aula escolar, me sentía literalmente como en una jaula.**

El aula con poca luz, las ventanas antiguas con protectores como una prisión, muchos elementos cargados en el ambiente, estantes llenos de libros y material de escritorio, sillas, mesas, objetos por todas partes, no había espacio para jugar dentro del curso, dominaba en toda la habitación una pizarra gigante, me sentía un objeto, como un adorno dentro del curso, un florero más alrededor de la mesa, sentada en la silla observaba alrededor en silencio, mi mente quería hallarle sentido a los elementos, solo quería irme a mi casa.

Recuerdo el guardapolvo o uniforme que me cubrió el pantalón y la polera que llevaba debajo, recuerdo me sentí rara, me preguntaba:

- "¿Por qué me disfrazan con este traje?"

- "¿Por qué no puedo ir con mi ropa de siempre?"

- "¿Tengo que vestirme así todos los días?"

- "¿Por qué estamos todos iguales?"

Me gustaban mucho los colores y tenía la costumbre de usar poleras y pantalones cortos por el clima de calor en la región.

Sentí que perdí mi identidad, como siempre en silencio me dejaba llevar por la observación de las circunstancias, en mis épocas el razonamiento de una niña de 4 y 5 años era de sumisión a los padres, no opinábamos por nada; tampoco nos preguntaban y no pedían nuestra opinión cuando tomaban decisiones acerca de vestirnos, alimentarnos o trasladarnos a lugares, solo mirábamos al piso y seguíamos instrucciones en silencio.

Sentíamos la obligación emocional de confiar en lo que decían nuestros padres o los adultos. En lo personal el instinto de sobrevivencia me decía que tenía que obedecer, <u>no tenía información en la mente para decidir sola,</u> sentía que necesitaba protección de mis padres, socializaba poco, sentía dificultad para expresarme, y veía a mis padres como mis guardianes.

Esa mañana estuve en silencio observando la confusión y algunas lágrimas de los niños, recuerdo al niño que se revolcaba en el suelo llamando a gritos a su mamá, no se dejaba tocar con la niñera, no quiso salir de una esquina del curso hasta que se cansó de llorar, no existían teléfonos y tampoco celulares, por esta razón si algún niño estaba deprimido y quería irse tenía que aguantarse y esperar a que llegue la hora de salida.

El llanto de miedo del niño paso a ser llanto de enojado, hasta que el niño se cansó, quedo en silencio, luego miró alrededor hasta conectarse con nosotros, observó que estábamos pintando con colores en hojas, le llamó la atención, se levantó y se acercó en silencio a sentarse con nosotros en la mesa, era una señal de adaptación y sumisión.

A media mañana como a las 10 a.m., estábamos todos distraídos pintando los dibujos que nos repartieron en las hojas, yo seguía en silencio, conforme dibujaba y pintaba sentía que descargaba el estrés, me iba relajando, comencé a apretar los colores y pintar más fuerte, descargué mucha energía, recuerdo claramente que me sentí relajada, sentí confianza en el momento al dibujar y pintar, con la fe puesta en la promesa de mi mamá, que me recogería al terminar la clase.

En el recreo no quería salir, hasta ese momento mis salidas sola eran en el patio de mi hogar, no tenía costumbre de salir sola en lugares extraños, cuando salía del territorio de mi casa iba acompañada de la mano de mi mamá o de la niñera que nos cuidaba, sentía miedo salir sola por la programación de los abuelos y de los padres "cuidado no salgas sola que algo te puede pasar", ese pensamiento me transmitía miedo y me daba la sensación de sentirme indefensa si no estaba de la mano de un familiar adulto.

Si me tocaba salir a lugares extraños que no sean mi casa tenía que ser de la mano de mi mamá, o de la mano de mi papá, o de la mano de los abuelos o la niñera, en resumen de un guardián que me cuide del mundo exterior desconocido. **Ya estaba programada para desconfiar del mundo externo que no sea mi familia o entorno cercano.**

Al quedarme en silencio sentada en la silla, llega la niñera del kinder (jardín de niños) y a todos los niños que no queríamos salir, nos agarró de la mano y nos llevó al patio, me quedé sentada en los asientos de espera en el pasillo afuera del curso, no tenía ganas de hablar, todavía mi mente estaba procesando lo que estaba pasando.

La idea de que tenía que acostumbrarme a ir todos los días a ese lugar que no era mi casa aun no la asimilaba, no entendía por qué tenía que ser de esa forma, mi mente inquieta se llenaba de más interrogantes:

- ¿Era necesario?

- ¿Por qué no podía estudiar en mi casa?

- ¿Por qué no podía pintar y dibujar en mi casa?

- ¿Por qué tenía que estar dentro de una habitación lejos de mi hogar?

Estas interrogantes me invadían el cerebro y no me permitían conectarme con la realidad, no encontraba respuestas, me causaba confusión en mi razonamiento.

Miraba a los niños vagando por el jardín, parecían sin rumbo, tocando las plantas, recuerdo que había muchas flores, otros miraban la hierba buscando insectos, no nos hablábamos, algunos jugaban solos, otros estaban sentados como yo en silencio, nadie nos presentó, nadie nos hizo jugar, nos decían "vayan a jugar" "háganse amigos", pero no sabíamos cómo, cuándo chocábamos miradas entre sí, reconocía en los ojos de los otros niños el mismo miedo en silencio que yo sentía, muchos nervios, sentimientos de soledad y ansiedad, **no me gustaba mirar a los ojos de los otros niños sentía que me estaba observando a mí misma, me sentía conectada con los otros niños por el miedo, la soledad y el silencio.**

Se acerca la niñera una vez más, interrumpe la observación en la que me encontraba sumergida para preguntarme si traía merienda, en silencio mostraba mi lonchera, me ayudaron a abrirla y me serví el sándwich que me había preparado mi mamá.

Tenía miedo hasta ir al baño sola, me aguanté hasta esperar ir a mi casa, el estreñimiento ya era normal en mi cuerpo, mis hábitos alimenticios no eran los mejores, en esas épocas los desayunos eran alimentos con carbohidratos con leche, mucho azúcar y fruta, era una mezcla de toda clase de alimentos que me hinchaban el estómago y me provocaban malestar gástrico con mucha flatulencia (sándwiches de toda clase, a veces pan con huevo, a veces pan con mortadela, fiambre o jamón, pan con queso, con mermelada, con mantequilla, o un revuelto de cualquiera de esos ingredientes) con bebidas azucaradas, endulzadas, poca agua, muchos dulces, el exceso de azúcar nos tenía más nerviosos, hinchados, nos costaba levantarnos por las mañanas. Sentíamos aburrimiento y sueño cuando no estábamos jugando, teníamos poca energía y vivíamos con estreñimiento, era normal que existan días que no íbamos al baño a evacuar.

*Año 1979. 5 años. Jardín de infantes. **"Todo aprendizaje tiene una base emocional"**. Platón.*

De la maestra recuerdo su sonrisa y su actitud de querer hacernos sentir bien, a pesar del esfuerzo que ella hacía por comunicarse con nosotros y por buscar la integración en el grupo con juegos, danzas y trabajo en equipo, no podíamos evitar sentirnos en soledad, era interesante sentirnos desconectados entre sí y a la vez estar todos juntos, era como si faltara un sentimiento más profundo para romper las barreras emocionales, quizás más amor en cada uno de nosotros.

Observación de las Expresiones emocionales.-

Nuestro lenguaje corporal en la foto del curso de kindergarten es claro, la forma de los brazos muestran rigidez, en la foto parecemos soldados obedientes, bien formados y uniformados, algunos nos dejamos contagiar por el carisma del fotógrafo que nos decía en voz con tono fuerte y mucha gracia: "¡Están lindos! ¡Qué bellos! ¡Sonrían! A ver, esas caritas de angelitos sonrientes miren al pajarito aquí" y nos señalaba la cámara fotográfica, nos causaba gracia la forma en que nos hablaba y a la vez nos levantaba el autoestima escuchar las palabras llenas de entusiasmo y energía.

Nos sentirnos mimados por el fotógrafo que nos contagiaba una sonrisa y más aún nos llenaba de curiosidad y emoción a la vez de recibir cariño de una persona extraña que la veíamos por primera y única vez.

La experiencia de la primer foto con todo el curso quedó grabado en la memoria con un pensamiento positivo en la mente para el resto de la vida: "se ven hermosos con una sonrisa" me gustó como lo dijo, me llegó al corazón, sentimos que era verdad, como una sentencia esas palabras entraron en la memoria inconsciente y allí se quedaron como un recuerdo de cariño.

Cuando terminas tu primer año de escuela no tomas plena conciencia que tienes que asistir a estudiar el resto de tu vida, por lo menos para una niña de 5 años pensar que los siguientes 12 años de tu vida tienes que seguir el mismo ritmo escolar es "demasiado tiempo", el cerebro no asocia tanto tiempo cuando tienes acumulado solo 5 años de vida, pensar en 12 años lo ves una eternidad. Cuando escuché, y comprendí que tenía que volver al año siguiente y que así seria los siguientes años, me sentí confundida, aturdida, sentí un mareo mental, mi consciente no quería procesar esa información y preferí negarme a pensar en ello, me causaba dolor aceptar la realidad, sentí impotencia, me parecía injusto repetir la experiencia una y otra vez, no encontraba el sentido a la realidad, "¿por qué tenía que ser así?".

Año 1980. 6 años.
"La educación es la culpable, casi siempre, de desviar a la gente de sus talentos".
Ken Robinson.

Si consideramos que la primera impresión de las primeras experiencias es lo que queda marcado en la memoria de la niñez, entonces el enfoque del primer año de escolaridad tendría que ser la experiencia más innovadora, grandiosa, inolvidable, y maravillosa de la vida del niño, el objetivo principal de la primera escolaridad debe centrarse en que el niño sienta la necesidad y el deseo de querer volver a vivir la experiencia de la educación en las aulas escolares el resto de su vida, como adoptar un estilo de vida.

En las décadas 1970, 1980 y 1990 no era la prioridad la educación emocional de los niños; **no era la prioridad vernos felices y sonrientes, en mis épocas la prioridad era la obediencia y la disciplina, los niños íbamos al Colegio a recibir instrucciones para ser "niños obedientes".**

Un sistema que alimentaba el ego de los niños a través de la búsqueda del reconocimiento y de obtener las mejores calificaciones.

Por la profesión militar de mi papá, nos corresponde el cambio de destino para la gestión del año 1980, primer año de primaria, salimos de la localidad de Yacuiba de la provincia del sur de Bolivia en el Chaco Boliviano en Tarija, hacia la ciudad de La Paz en el occidente boliviano. De vivir a 620 metros sobre el nivel del mar ahora nos llega la experiencia de subir a 3650 metros sobre el nivel del mar, a vivir en la meseta ubicada en el medio de la zona de cordones de cordilleras de Bolivia. Viajamos 1154 kilómetros por tren y por bus, un viaje largo y agotador que nos otorga la conciencia de la diversidad y la inmensidad de mi país.

El nuevo hogar era una casona para vivienda de familias militares, parecida a un castillo, nuestras habitaciones eran las de planta baja, la casa era   antigua y había mucha humedad del revestimiento de madera. La vivienda estaba ubicada diagonal al Regimiento de Caballería del Ejército, cerca a la fuente de trabajo de mi papá, nosotras emocionadas de conocer un nuevo lugar, nueva ciudad, nuevo ambiente, rápidamente nos adaptamos a las nuevas habitaciones.

Mamá consiguió trabajo de secretaria en el Instituto Boliviano de Cultura, mamá y papá trabajaban todo el día, esta vez estábamos en la ciudad más grande de Bolivia, y la única escuela cerca era un Colegio Privado, eso significaba inversión extra de dinero. Cumplía 6 años, lista para el primer curso de primaria y mi hermana ya tenía 5 años, también lista para el Jardín de Infantes.

Al llegar a la nueva ciudad mi hermana y yo aún pensábamos que no iríamos más a la escuela, no teníamos idea que nos encontrábamos en el periodo de Vacaciones Escolares, y que pronto retornaríamos al colegio.

Mi hermana menor no quería saber del colegio al ver la experiencia que me tocó vivir, yo ya estaba programada para ser obediente y mi hermana menor aún no estaba preparada. Sandra era más sensible, al ser la segunda hija, le correspondió más experiencia en la crianza de parte de mis padres, recibió más atención y tolerancia, esa situación fortaleció el carácter de mi hermana y le permitió ser más expresiva en su forma de ser.

En mi caso el primer año en la escuela fue suficiente para programarme en la sumisión y obediencia, ya estaba "educada" para seguir instrucciones del sistema.

En la ciudad de La Paz, las mañanas eran frías a las 7 am, la temperatura era entre 2 y 3 grados, el ingreso a nuestro turno era a las 8:00 am recuerdo el primer día de clases, cuando mi mamá me dice esas terroríficas palabras de mi niñez que me cortaban las horas de sueño, "¡Buenos Días! ¡Hora de levantarse!", me doblaba entre las sábanas y colchas protegiéndome del frío, me quejaba con gemidos haciendo señales de pereza y desgano, aquel día por primera vez luego de un año de sumisión rompí el silencio en señal de rebeldía y en tono de reclamo levanté la voz: "**¡Mami! ¡No quiero ir al Colegio!**".

Mi mamá firme me destapa las colchas y sábanas para levantarme, sentí frío y me volví a tapar y me aferré a las colchas, otra vez mi mamá me jaló la sábana y frazada y volvió a destaparme. Ante mi testarudez por no querer levantarme, ingresa al cuarto mi papá y con voz firme ordena: "¡A levantarse! ¡Haga caso a su madre! ¡Ya es tarde! ¡Tienes que llegar puntual!", fue suficiente para dejarnos cambiar la ropa con mamá y la niñera.

Recuerdo que en La Paz conocí las chompas de cuello alto y las medias panty de lana, no quería ponérmelas, me picaba las piernas la lana gruesa, y movía mis piernas en señal de rebeldía para evitar ponérmelas, las llamadas de atención de mi mamá para que me quede quieta y me deje vestir se hicieron parte de la rutina diaria de las levantadas por las mañanas.

Lloraba enojada durante el desayuno mientras tomaba un chocolate caliente con leche y pan con mermelada y mantequilla o queso, me sentía cargada con la cantidad de ropa y chompas que llevaba puestas. Era una experiencia nueva para mí aprender a convivir con el frío en las mañanas para ir al Colegio. Me costaba entender cómo en esa ciudad los niños iban al Colegio con las frias temperaturas de la mañana.

Mi hermana menor Sandra observaba que recibía llamadas de atención por mi testarudez y terquedad en resistirme a obedecer, ella lo tomaba como advertencia para evitar la resistencia, al ver el ejemplo de sumisión que le demostraba, entendía el mensaje de obediencia y seguía las instrucciones inmediatamente.

Aquel primer día de clases durante todo el camino hasta llegar al Colegio, caminé enojada y llorando, estaba apenas a una cuadra larga de nuestra vivienda, el frío y el enojo hicieron el camino largo, la niñera me llevaba caminando de la mano, esta vez el uniforme era una falda azul y camisa blanca con chompa azul, pullover o chompa de cuello alto blanca y medias panties blancas y zapatos negros, el frío de la mañana nos bajaba las defensas y las narices frías mojadas y entumecidas por el frío marcaban la experiencia de los primeros días en el nuevo Colegio, en la nueva ciudad.

Me sentí incómoda cuando llegué al colegio y me encontraba con otros niños que me observaban y me identificaban como rostro nuevo, muchos de ellos estuvieron juntos el año anterior en el jardín de infantes y disfrutaban el reencuentro en primaria, para mí era la primera vez en ese colegio, el año anterior estuve en otro y en este nuevo lugar no conocía a nadie.

Me sentía en "desventaja" con mis compañeros que ya se conocían y se agrupaban entre ellos, era la "nueva del curso", no conocía a nadie.

Esta vez me resigné a quedarme, ya sabía el procedimiento, sabía que era temporal y mi mamá o la niñera me esperaban a la salida para llevarme de regreso a casa, me sentaron en una nueva silla con las mismas características que la anterior escuela, la pizarra gigante dominaba el curso, muchos objetos, lleno de estantes con libros, sillas y mesas, y poco espacio para jugar.

Estuve en silencio toda la mañana con la nariz mojada, no tenía ganas de limpiarla, me sentía rebelde, no hablaba con nadie, miraba al suelo y a la mesa.

La maestra me pregunta cómo me llamaba y no respondí, tampoco la miré a los ojos, recuerdo claramente una frase de la educadora: "es la nueva del curso, dejémosla tranquila ya se acostumbrará, es normal que esté así, es su primer día, mañana se le pasará". Era la actitud normal de bienvenida, la conexión con el curso era un trabajo personal de cada alumno, con los días aprendí a sobrevivir en el aula escolar, forzosamente manejaba la actitud para hablar con mis compañeras y aprender a conocerlas y confiar en ellas. Era el inicio de la nueva década del año 1980.

Siguiendo las órdenes de los maestros **descubrí que cuando seguía instrucciones sin hablar y terminaba rápido las tareas dentro del curso me ganaba el derecho a jugar en la clase** en el espacio de juegos o de hacer otras actividades como armar el rompecabezas, o seguir dibujando de manera libre sin hojas marcadas, alucinaba cuando las hojas me las daban en blanco para poder dibujar. Nos premiaban con palabras de reconocimiento:

- "Te portaste bien, hiciste la tarea y terminaste rápido ahora puedes seguir dibujando lo que quieras, te doy más hojas",

- "Ahora puedes jugar",

- "Eres una buena niña, hiciste toda la tarea".

Ver la hoja en blanco con mi caja de colores y lápices me empoderaba, me sentía dueña de la creación, una sensación de libertad indescriptible que me emocionaba y me inspiraba sonreír.

Recuerdo que apretaba las manos de emoción, me cargaba instantáneamente de energía hasta sudar las manos, las sentía llenas de calor, era un placer dibujar y pintar en libertad. Hacer garabatos y rayar la hoja me llenaba de alegría, deslizar el lápiz y los colores sin rumbo me relajaban.

A veces rayaba las hojas sin mirarlas, sentía ganas de cerrar los ojos y dejar fluir el lápiz y los colores sobre el papel sin medida, en esos momentos de éxtasis se disparaba el lápiz, los colores o las acuarelas y dibujaba la mesa, varias veces el lápiz y los colores pasaron el límite del borde de la hoja, sentía necesidad de expandir el grafico e inconscientemente rayaba y pintaba la mesa.

Comencé a hallarle el gusto a dibujar en la mesa, era una experiencia nueva, hasta que un día los maestros y niñeras llamaron la atención que "dibujar la mesa era ENSUCIAR y que era MALO, que estaba haciendo daño a la mesa", "teníamos que cuidar y respetar los muebles del colegio", "mantenerlos limpios", la mesa no era para dibujar.

A pesar de la advertencia en los éxtasis del dibujo y la pintura seguíamos rompiendo las reglas de pasar los límites de la hoja, ante la reincidencia e inconsciencia de la norma, llega la sentencia, "si ensuciaba la mesa iba a ser castigada", con esa sentencia se acabó el éxtasis y la fantasía que sentía al dibujar y pintar.

Desde ese momento cuando me ponían la hoja en la mesa tenía que mirar la hoja y concentrarme en los límites, mi creatividad se bloqueaba, estaba más enfocada en cuidar los límites de no salirme de la hoja que en dejar fluir la imaginación, la sentencia de ""no salirme de la hoja" sonaba como una alerta en mi cabeza, tenía que cuidarme de no romper la regla impuesta, sentía frustración y desaliento y pocas ganas de seguir dibujando y pintando.

Me acostumbré a enfocarme a calcular la hoja y volví a dibujar pero sin conectarme con la alegría, me conectaba con la tristeza, me sentía limitada en un espacio, ya no "existía conexión con el sentir para dibujar" ahora tenía que "pensar para dibujar" "razonar lo que iba a hacer", comencé a calcular lo que hacía, a medir mis posibilidades, a no correr riesgos para evitar problemas.

Al sentirme frustrada con límites en la creatividad, comencé a aburrirme rápido en el curso, ya no quería estar en la mesa, el hábito de ir todos los días me familiarizó con el lugar, con la costumbre y la rutina.

Comencé a conectarme con el entorno, comencé a sentir ganas de salir afuera del curso, de explorar el jardín, de descubrir el mundo exterior, era tanta la rutina para todos los niños que cualquier acontecimiento externo era una excusa para romperla.

El mayor espectáculo era cuando un pajarito se posaba en la ventana, todos nos alborotábamos y hacíamos bulla gritando "¡mira el pajarito!, y levantábamos la cabeza estirando el cuerpo cambiando el enfoque hacia la ventana, **el desenfoque y la distracción nos ayudaba a liberar la rigidez y el estrés de las tareas**, algunos más valientes se levantaban de la silla apuntando al animalito volador, todos al mismo tiempo sentíamos placer de desenfocarnos del curso y enfocarnos a la distracción de la ventana gritando en coro: "¡mira un pajarito!, ¡un pajarito!, ¡mira que bonito!" hasta que la magia se esfumaba cuando la niñera de manera reactiva lo espantaba para que no entre en el curso y no nos alborote en distracción, por último cerraba el capítulo al cerrar la ventana.

Ahora la nueva motivación era salir afuera, al patio, **quería jugar, comencé a sentir el recreo muy corto, no soportaba estar mucho tiempo sentada en la silla,** tampoco estaba permitido pararse, se me adormecían las piernas de estar sentada, quería salir rápido del curso y comencé a concentrarme en terminar rápido las tareas, no siempre lograba mi objetivo, la mayoría de las veces tenía que esperar a mis compañeros que eran más lentos y se quedaban horas extras en el recreo hasta terminar los dibujos.

Los educadores y niñeras no nos inspiraban confianza como la mamá, nos sentíamos enjaulados, me tocó observar a compañeros que se orinaban sentados y ponían en apuros a las niñeras, por no animarse a pedir ayuda, simplemente se quedaban quietos y en silencio y cuando acordábamos veíamos la orina en el piso rodeando sus zapatos.

Abría mis ojos en señal de sorpresa y me tapaba la boca en señal de vergüenza ajena cuando veía las escenas de las incontinencias urinarias, otros niños más expresivos apuntaban y se reían llamando a la maestra "profesora mire se orinó Carlitos venga a ver esta ensuciando el piso", otros niños en forma despectiva decían "¡que cochino!". En ese momento no tomábamos consciencia del sentido de crítica destructiva que aplicábamos al compañero que se orinaba, algunos niños se sentían acusados rompían en llanto otros quedaban mudos con los ojos tensos y dilatados de vergüenza.

Ver orinarse a los niños en el curso me hacía sentir muy mal, miraba los ojos de miedo y vergüenza de ellos y también sentía vergüenza si me pasaba lo mismo, el solo hecho de imaginarme que podía pasar lo mismo conmigo me causaba pánico.

Hoy reflexiono sobre este acontecimiento y siento compasión por todas las veces que acusamos a los niños por un acto natural del cuerpo humano y pienso en todas las expresiones verbales que hacíamos eran las mismas expresiones que nos hacían nuestros padres cuando nos orinábamos, padres que duplicaban la crítica destructiva, el juzgamiento, y la condena de la incontinencia urinaria como un acto vergonzoso y sucio. Hoy existe orientación e información de profesionales terapeutas, psicólogos, neuroeducadores y educadores en relación a educar con tolerancia, amor y respeto en los actos naturales del cuerpo humano como la incontinencia urinaria.

Era normal que dentro de los requisitos para el pre - escolar era poner pañales en la mochila para que las niñeras nos cambien si no sabíamos orinar solos, la mitad llegaba con pañales y la otra mitad sin pañales, en mi caso asistía sin pañales, ya sabía ir al baño sola.

Tampoco me gustaba ir al baño en el kinder con personas extrañas, **no me sentía conectada ni con la maestra ni con las niñeras,** la mayoría de las veces me aguantaba, tenía la programación de la desconfianza. Cuando ya no lograba aguantarme me torturaba hasta que me recogía mi mamá y alguna vez me tocó orinarme en los pantalones llegando a casa.

Recuerdo que las maestras convocaban a las madres de los niños que no querían hacer las tareas o no querían seguir instrucciones, por la puerta abierta observaba la presencia de las mamás recibiendo las quejas de la maestra, y la cara de las madres en silencio avergonzada por las llamadas de atención.

Mis compañeros sufrían porque sabían que los padres los castigarían quitándoles los juguetes, encerrándolos en su cuarto o los golpearían.

Nos enterábamos de las historias al día siguiente cuando llegaba el compañero con la cara hinchada de llorar toda la noche, en el recreo los más curiosos nos acercábamos a preguntar:

- **"¿Qué te pasó?". Y el niño en total desahogo contestaba: "mi mamá me pegó" o "mi papá me pegó".**

Y luego la siguiente pregunta:

- "¿Por qué te pegó?". Y el niño a secas contestaba:

"porque la maestra le dijo que no hice la tarea y me porté mal en clase".

- Ante esta respuesta no hacíamos más preguntas,

- Quedábamos en silencio.

Tampoco sabíamos consolar, la solidaridad la sentíamos como instinto natural entre compañeros sin embargo no sabíamos expresarla en palabras y tampoco en lenguaje corporal, no teníamos entrenamiento de "expresar solidaridad".

Cuando recibía estas respuestas, miraba a los ojos al niño en silencio, no sabía que decirle, sentía su dolor, y no sabía cómo manejar la situación, me sentía incómoda, quedaba parada mirándolo y en silencio.

Ante la impotencia prefería alejarme, seguía mi camino, me sentía impotente de no poder hacer nada al respecto y de que tenga que suceder de esa forma la imposición de disciplina, me quedaba la sensación de miedo de que a mí también me podía pasar si no hacía las tareas o si desobedecía a la maestra.

Aquellos días que recibía las historias de dolor de mis compañeros me sentía profundamente afectada y me imaginaba los sucesos en la mente, esos sucesos me acompañaban días en la conciencia, a veces hasta semanas, **sentía angustia en el corazón y un sentido de indefensión de que nadie podía ayudarnos y de que no se podía evitar vivir esas experiencias.**

Llegué a conocer de lejos a las mamás de mis compañeros maltratados, sentía curiosidad por ver sus rostros, me las imaginaba malvadas, feas y con cara de enojadas, sin embargo mi mente se confundía cuando veía rostros jóvenes hermosos sonrientes abrazando a sus hijos, en ese momento pensaba:

- **"¿Cómo es posible que su mamá le haga eso? Parece buena, las marcas y moretones en los brazos y piernas de mi compañero no parecen hechos por ella".**

Me costaba entender que padres con rostros sonrientes a la vez sean actores de actos considerados monstruosos, en mi mente de 5 años consideraba monstruos a los padres que dejaban marcas moradas de golpes y azotes en el cuerpo de mis compañeros.

Las historias de desahogo de los compañeros golpeados eran advertencias para los compañeros oyentes, **generamos la conciencia del castigo desde el primer año en el Colegio; o éramos protagonistas de los castigos, o nos tocaba ver y convivir con los protagonistas, o escuchar y sentir las dramáticas historias de maltrato,** al final todos recibíamos y vivíamos la experiencia de una u otra forma, sembrando el miedo en silencio.

La pasión de mi papá era la Equitación, al ser parte del Arma de Caballería los destinos involucraban instalaciones de caballerizas para el adiestramiento de los oficiales, crecimos observando la disciplina del cuartel militar y las competencias y desfiles militares ecuestres.

Era una inspiración ver la solemnidad de la entrega de trofeos y reconocimientos en los concursos militares, comencé a soñar con el reconocimiento, en cierta forma los concursos de toda clase programan para la competencia a los seres humanos.

Era inevitable desear ser el campeón u obtener el primer lugar en el concurso, **el solo hecho de ver la pompa y festejo de los primeros lugares llenaba el alma de inspiración para desear ser el ganador.**

Año 1979. 5 años. **"El más influyente de todos los factores educacionales es la conversación en el hogar del niño".** *William Temple.*

Al mismo tiempo era desalentador ver que se ignoraba al resto de los participantes, **era frustrante ver la tristeza de los que no lograban la meta, no era suficiente el segundo o tercer lugar. Todo el reconocimiento siempre era para el primer lugar.**

Admiraba mucho a mi papá cuando lo veía participar en las competencias ecuestres, soñaba con ser jinete, el miedo a asumir la responsabilidad sola sobre el manejo del caballo me alejó de los entrenamientos. Sin embargo ya estaba sembrado en mi mente y en mi alma el deseo del espíritu competitivo, la sensación de desear desarrollar habilidades y de vivir y sentir el reconocimiento.

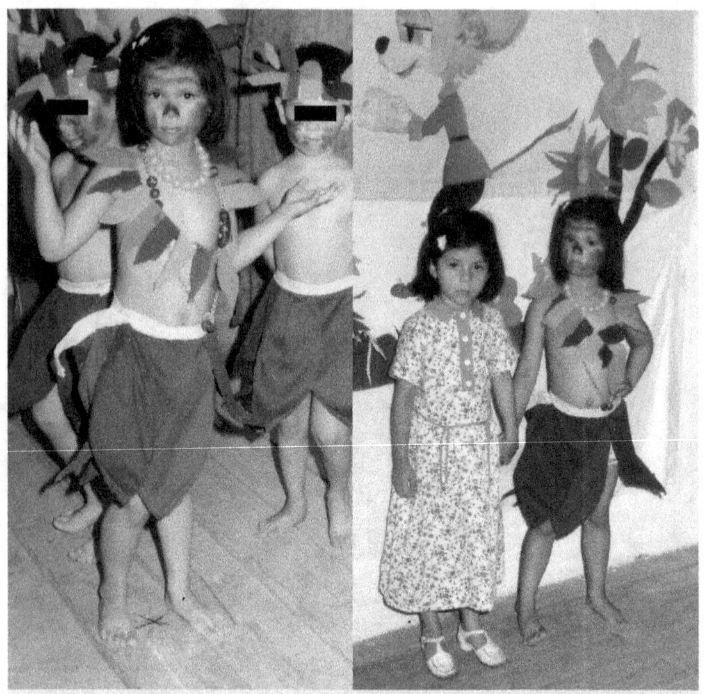

Año 1979. 5 años. Danzas en el jardín de infantes.
"Las emociones son una fuente crítica de información para aprender". *Joseph LeDoux.*

Como anécdota del primer año de Colegio en el pre-escolar, era que a pesar de toda la timidez que sentía, aún así descubrí que me gustaba la danza pero odiaba que me vistan de manera que no entendía, me sentía ridícula cuando me disfrazaban, no me preguntaban si estaba de acuerdo, simplemente cuando acordaba, me pintaban la cara, me desvestían y me vestían con vestuarios raros que me incomodaban, era una tortura a mi personalidad actuar con esos disfraces delante de tanta gente desconocida.

Cuando llegaban los festivales de danzas y actos cívicos del colegio recuerdo como los padres nos apuntaban con los dedos y se reían de ver lo gracioso que nos veíamos, a veces en son de burla. **Nos sentíamos expuestos en vitrina, como en exhibición,** éramos quietos detrás de los escenarios esperando que venga la niñera a ordenar que nos agarremos de las manos para subir al escenario. Hoy tomo conciencia de la manera en que nos aprovechamos de los niños para satisfacer las imaginaciones y diversiones de los adultos, y el cuidado que debemos tener al expresar las críticas ante los disfraces absurdos y graciosos, **la burla queda grabada en el autoestima de los niños, y estas memorias mentales provocan reacciones de defensa en la adultez a través de sentimientos de susceptibilidad, indefensión y agresividad como reacción ante las críticas del entorno.**

Año 1979. 5 años. Jardín de Infantes. **"Toda vida es una constante educación".** *Eleanor Roosevelt.*

La primera vez que me tocó subir al escenario en el Teatro del colegio fue en el día de la Madre en el mes de Mayo del año 1979, me correspondió disfrazarme de flor, tenía un casco de cotillón amarillo para asemejar al polen y me molestaba el forro de cartulina, la falda tenía la forma de pétalos como la flor, también de material de un papel de cotillón, cuando caminaba me sentía insegura con todo el disfraz, me toco agarrar la letra M, y hacer la figura en un jardín en el escenario.

Fue la primera vez en un escenario y no era para cantar ni bailar sino para estar parada agarrando la letra "M" de mamá, imitar a una flor. El hecho de estar parada observando de frente a todo el público me causó pánico y quede inmóvil, era una sensación "surrealista" escuchaba a los lejos la bulla de la emoción de los padres mezclada con la música de la danza, y entremedio las palmadas de la maestra señalando el momento en que tenía que agacharme y levantarme al compás de la música. Buscaba confundida el rostro de mi mamá en el público y no alcanzaba a verla.

Año 1979. 5 años. Jardín de infantes
"Si queréis ser verdaderamente útiles, debéis estar llenos de reverencia por el ser interno que está tratando de manifestarse a su propia manera en cada otro individuo". *Sri Ram.*

Me pregunté en esos momentos: "¿es necesario disfrazarme de flor y pararme aquí con la letra M para hacer feliz a todas las madres? ¿Por qué tengo que hacer esto? ¿Por qué se ríen? ¿Estoy haciendo el ridículo? ¿No es suficiente hacerlo solo para mi mamá?, estas y otras preguntas entraban y salían de mi mente quitándome la tranquilidad, causándome incomodidad.

En mi cabeza bullían las preguntas buscando encontrar respuestas, sentía una necesidad de entender lo que estaba pasando, el por qué estaba pasando y no poder expresarlo me atormentaba la cabeza.

Al final de la danza esperamos atrás del escenario a nuestras madres, mi mamá se me acercó y me abrazó emocionada, no entendía la emoción que sentía mi mamá, ¿por qué estaba emocionada? ¿De exhibirme en el escenario? ¿De disfrazarme de flor?, verla feliz me cortó las preguntas en la mente y me limité a dejarme a abrazar, ella me decía "estabas hermosa mamita" "estabas hermosa hijita" "eras la más linda en el escenario".

Siempre las palabras llenas de amor y ternura de mi mamá me calmaban la ansiedad y me cortaban los interrogatorios de los pensamientos. Agarré la mano de mi mama, me tranquilicé de sentirme sostenida y reconocida y nos fuimos nuevamente a casa, una vez más las palabras de aprobación y reconocimiento eran señal de que estaba haciendo lo correcto. Al final, ver la tranquilidad, alegría y felicidad de mi mamá me llenaba a mí también de tranquilidad y felicidad.

La educación sexual no existía como materia, solo como un capítulo de la materia de Biología, y se limitaba al estudio de los órganos sexuales, los cambios físicos del cuerpo en la pubertad, las glándulas y hormonas y la menstruación.

A los 10 años llegó la pubertad en mi vida con todo el remolino de inquietudes, sentí con fuerza los cambios en el desarrollo del cuerpo de niña a mujer, esa fase biológica de desarrollo del cuerpo se hablaba casi al final del nivel intermedio, tenía que esperar dos cursos más, tener 12 o 13 años de edad para informarme. Teníamos que esperar que nos toque la materia para estudiarla, es decir que si alguien se adelantaba en los cambios físicos y le llegaba la menstruación antes de tiempo no podía hablar del tema, tenía que esperar los cursos superiores hasta llevar la materia para poder preguntar y pedir orientación al respecto, en razón a que no era un tema de conversación habitual en el hogar.

A lo largo del nivel intermedio observé casos de compañeras que se retiraban del colegio por embarazo, se inventaban viajes o cambios de domicilio, ningún Colegio aceptaba alumnas en estado de gestación, era mal visto, como un mal ejemplo para las estudiantes, si los Directores del Colegio llegaban a enterarse de alguna alumna que resultaba embarazada era expulsada del Colegio.

Era prohibido hablar de sexualidad en la clase escolar, era considerado un tabú, si nos escuchaban hablando de sexo los maestros nos llamaban la atención y nos enviaban a la dirección con el regente, allí nos daban el sermón y llamada de atención, obviamente nos perjudicaba en la calificación de la conducta y llamaban a nuestros padres para hacer la observación. **La conducta estaba en la libreta como una materia más, así que a cuidar la calificación.**

La ingenuidad y la falta de información ante los cambios biológicos todavía me acompañaba, tenía 11 años cuando me sorprendió la menstruación, me asuste pensé que tenía una hemorragia, o que quizás me había lastimado, recuerdo que corrí al cuarto de mi mamá asustada gritando "¡mamá! ¡Mamá! Oriné sangre", fue suficiente para que mi mamá corra preocupada al baño a verificar qué me pasaba, luego de observar en silencio mamá me dice "hijita acaba de llegarte la menstruación, tranquila es normal", yo me quede inmóvil mirándola a los ojos, ¿era normal? ¿desde cuándo?, sin entender lo que me decía, en ese momento me entrega una toalla higiénica y me enseña el procedimiento de higiene personal, así fue mi primera clase de educación sexual, "a buen entendedor, pocas palabras". Fue frustrante entender que el ciclo de la menstruación me tocaría cada mes, lloré cuando lo comprendí.

Año 1984. 10 años.
"Lo que determina el estado de felicidad o infelicidad de cada persona no es el evento en sí mismo, sino lo que el evento significa para esa persona".
Chris Prentiss.

Cuando preguntaba a mis papás cómo llegaban los hijos, mi mamá esquivaba el tema y mi papá se molestaba, en el colegio los maestros nos decían que teníamos que esperar el curso y la clase correspondiente para aprender a entender todo lo relacionado con la educación sexual.

Era un drama cuando nos tocaba la menstruación, nos sentíamos incómodas en el colegio ante la mirada de las compañeras, era un sentimiento de anormalidad cuando nos tocaba los días de la regla, sentíamos vergüenza de que todos sepan que estábamos en ese ciclo, cuando la menstruación era muy fuerte fingíamos estar con dolor de cabeza para no ir al colegio, nuestros padres nos ayudaban a pedir licencia al Colegio para evitar asistir con las ropas manchadas por la sangre de los flujos menstruales.

La sexualidad se manejaba con morbosidad en el Colegio, era un tema prohibido, si alguien hablaba de sexualidad era acusado de corromper a los demás.

El sistema educativo a través de las reuniones con los padres en los colegios, presionaba en el mensaje de **dar prioridad al estudio, hacer seguimiento de las calificaciones y seguimiento de la conducta del niño en el Colegio,** las frases más frecuentes que los maestros programaban en la mente de los padres para que apliquen en la educación de los hijos, eran:

- "Tienen que portarse bien",

- "Tienen que sacar buenas notas",

- "Tienen que asegurarse que hagan todas las tareas"

- "Si no hacen las tareas y se portan mal tienen que aplicarles un castigo".

En este sentido **en el hogar nos orientaban que la prioridad era hacer las tareas y evitar las distracciones al momento de estudiar, dentro de las restricciones estaba disminuir las horas de juego.**

La tendencia era de "imponer reglas", con la imposición se genera sumisión o rebeldía, ambas tendencias no son saludables para el desarrollo de la personalidad de un niño.

En la Navidad y fechas de Cumpleaños mi papá nos regalaba hermosos juguetes, era una verdadera fantasía ver al pie del árbol de Navidad de nuestro hogar las cajas de regalos listas para ser abiertas a la medianoche, sentía que gracias a las buenas calificaciones nos ganábamos el derecho a tener los mejores regalos, era una sensación muy gratificante para el ego sentir el "merecimiento" por haber cumplido la tarea.

En ausencia de nuestros padres cuando ellos salían a trabajar en las tardes, nos tocaba quedarnos en casa, salíamos al patio a jugar, armar casitas con pedazos de madera, piedras y ramas secas que quedaban esparcidas por el jardín. Disfrutaba observar los caminos que hacían las hormigas, mi distracción era descubrir los hormigueros, admiraba a las hormigas como podían levantar hojas tan grandes siendo ellas tan pequeñas y como subían los árboles con su carga, jugaba en soledad, mi hermana era más pequeña y se quedaba dentro de casa con las muñecas.

No me gustaba estar encerrada dentro de la casa, jugaba muy poco tiempo con las muñecas, **prefería salir al patio a investigar, a llenarme de tierra ensuciando la ropa, me sentía libre.**

Cuando mi papá llegaba cansado del trabajo a descansar no podíamos salir a jugar al patio para no hacer ruido, tampoco nos dejaba jugar con los vecinos que eran también hijos de militares, menos salir a la calle, él pensaba que era peligroso, para cuidarnos nos mantenía dentro de la casa sin salir, los argumentos eran que si jugábamos con los otros niños en la calle íbamos a distraernos, a mal acostumbrarnos y a descuidar las tareas.

Había comenzado muy bien la escuela y nada podía perturbarme, tenía que seguir siendo buena alumna, siempre que mi papá me daba instrucciones escuchaba y respondía siempre: **"sí papá"; agachaba el rostro y miraba al piso, era la señal de miedo y sumisión,** papá era el símbolo de la autoridad de la casa y teníamos que obedecer, lo contrario era recibir llamadas de atención, el castigo era quedarme encerrada en mi cuarto sin jugar y sin mirar mis libros de cuentos infantiles.

Era normal quedarnos dentro de casa haciendo las tareas o jugando en soledad, el ruido de los juegos de los vecinos y niños de la calle nos provocaba   mirar por la ventana para observar cómo jugaban los otros niños, disfrutaba verlos jugar y divertirse, con el tiempo me hice la idea que mi caso era diferente, que lo mío era estudiar y no estar en la calle jugando, **asociaba el juego en la calle o la diversión a ociosidad y flojera con las tareas, y que al contrario el hecho de enfocarme en los cuadernos era sinónimo de ser responsable y aplicada.**

En el transcurso de mi vida, este pensamiento me llevó a una extrema responsabilidad con las obligaciones laborales, cuando me tocó ser Gerente de empresas, esta creencia me condujo a conductas exigentes e intolerantes con el personal a mi cargo, asociaba la eficiencia a ser esclavos del escritorio, a trabajar en absoluto silencio, no toleraba los momentos de expansión en horas de trabajo, no toleraba que conversen o se diviertan en horas de trabajo, **la impronta de la obediencia y sumisión me llevaba a querer proyectar esta misma conducta en el personal, esta situación provocaba malestar en el ambiente y relaciones humanas de tensión y estrés en mi alrededor.**

Los sentimientos de soledad nos llevan a desarrollar extrema sensibilidad con el entorno en una marcada observación en silencio, en la niñez todo acontecimiento que comenzamos a observar con la razón nos causa emoción y expectativa, por las noches me entusiasmaba en observar el brillo de la luz de las estrellas desde mi ventana, alucinaba con las luces en movimiento de las luciérnagas y el ruido del canto de los grillos. La primera vez que vi una estrella fugaz me emocioné mucho, les conté a mis padres emocionada y ellos me dijeron que pida deseos cuando los vea, que los deseos se iban a cumplir.

Año 1979 - 1980. 5 y 6 años
"La educación genera confianza. La confianza genera esperanza. La esperanza genera paz". *Confucio.*

Desde entonces vigilaba el cielo en las noches esperando ver más estrellas fugaces para pedir seguir siendo la mejor alumna y que mis papás sean siempre felices.

Cuando quedábamos solas en las tardes con la niñera en casa, la distracción era la caja de colores, me inspiraba mucho ver los lápices de colores ordenados dentro de su caja, ver la tonalidad y combinación entre ellos me llenaba de placer, quería copiar esa tonalidad en la hoja, alucinaba mezclarlos en armonía y mantener los tonos de los colores, mi mente disciplinada buscaba orden y armonía en los objetos a mi alrededor. Cuando le damos información a cada instante a la mente, ella se convierte en una máquina de creación incansable, busca alimentarse de información a cada instante, todo lo razona, todo lo relaciona, busca provocar el análisis en todos los actos, así era mi mente, no podía estar quieta sin darle alimento, tenía que mirar cuentos, mirar letras, relacionar imágenes, mi interrogante favorita era "por qué", sentía una necesidad de entender el por qué de todo lo que observaba.

Esta tendencia de extremo análisis me llevaba a encontrar razón en todos los elementos de criterio, este hábito natural de razonarlo todo con el tiempo me llevó a la lentitud en la toma de decisiones, el extremo análisis me provocaba tomarme más tiempo del debido al decidir, la lentitud me daba inseguridad, la inseguridad afectaba mi autoestima personal.

La pasión por los colores me impulsaron a elaborar los primeros dibujos de paisajes a los 5 años, el paisaje favorito que plasmaba en la hoja era dibujar y colorear el sol al medio de dos montañas, aves en el cielo celeste, al pie de las montañas una pradera verde, un río en curva cruzando la pradera, flores margaritas alrededor y árboles de follaje verde con redonditos en las copas de los árboles, que asemejaban manzanas rojas. Sentía paz y tranquilidad al repetir el dibujo de este paisaje una y otra vez.

Cuando mamá y papá llegaban a casa corría a mostrarles con mucho orgullo mis dibujos, me sentía poderosa mostrarles el resultado de mi creación, había entregado toda mi pasión en esa hoja, mis padres captaban el mensaje que buscaba reconocimiento a mi arte, en este sentido ellos siempre me llenaban de reconocimiento que eran los mejores dibujos y que estaban hermosos, gracias a sus palabras, sentía deseos de seguir dibujando cada vez mejor, sentía amor en cada reconocimiento que recibía, adoraba el momento en que ellos festejaban mis obras. Cada instante en que mis padres expresaban el valor en mis creaciones alimentaron mi corazón de cariño y agradecimiento, estos sentimientos me permitían olvidar la soledad y la ausencia de vida social fuera del Colegio.

¿Cómo conciliar con el dolor de la inseguridad, la falta de apoyo, la impotencia y la desconfianza?

"Tomar un nuevo paso, decir una nueva palabra, es lo que la gente teme más". Dostoievski

Es importante el desarrollo y entendimiento en "Habilidades de Comunicación" en los Maestros y en los Padres, "construir relaciones de comunicación" en vez de "imponer decisiones", brindarles la oportunidad del "entendimiento" y la "comprensión" a los niños y lograr que ellos adopten la decisión porque entendieron que les conviene.

Hoy entiendo que los momentos de expansión, relajamiento y diversión son importantes en un ambiente laboral para la armonía de las relaciones humanas, me costó mucho reprogramar mis pensamientos y creencias, se pueden evitar experiencias de malestar, si enfocamos la educación desde la primera infancia a:

- Limpiar las emociones,

- Aprender la materia de "RELACIONES HUMANAS",

- Desarrollar la habilidad de "conectarnos con el entorno",

- Conocer los sentimientos profundos que dirigen nuestra personalidad,

- Conocer la manera en que nos relacionamos con los demás.

El autoconocimiento nos lleva a mejorar la personalidad y construir las mejores maneras de desarrollarnos con las personas

Darle poder a la mente en la primera infancia no es saludable para el crecimiento personal, por esta razón, es importante implementar en las escuelas y colegios la materia de "MEDITACION" para aprender a aquietar, calmar la mente y conectarnos con el "SER" en silencio, de esta manera comprendemos los sentimientos que llevamos en el alma, aprendemos a convivir con ellos y los aprovechamos de la mejor manera para para fortalecer nuestra personalidad y desarrollar las mejores relaciones humanas.

"Se trata simplemente de sentarse silenciosamente, observando los pensamientos pasando a través de ti. Simplemente observando, no interfiriendo, no juzgando, porque el momento en que juzgas, has perdido la pura observación. El momento en que dices "esto es bueno, esto es malo", has saltado en el proceso de pensamiento". Osho.

5

Capítulo cinco

La extrema obediencia, las amenazas y los castigos que generan el cumplimiento con la educación

"Educad a los niños y no será necesario castigar a los hombres"
Pitágoras de Samos.

En la década de los años 70 y 80 portarse mal era equivalente a desobedecer o rebelarse en contra de las costumbres de comportamiento establecidas por los padres y los maestros, era normal recibir castigos cuando nos portábamos mal, o, cuando no hacíamos caso a las órdenes recibidas. La psicología de la comunicación en los padres era casi nula, y en los maestros era escasa. Los momentos de desobediencia de los hijos eran oportunidades para que los padres liberen la ofuscación y enojo acumulados por las frustraciones de la vida cotidiana, y den paso a la creatividad para aplicar castigos.

Así fueron formados con dureza la generación de nuestros abuelos, la misma crianza fue duplicada en nuestros padres, y de la misma forma se multiplicaron los castigos en los hijos, hoy en nuestra generación gracias al poder de la era de la información, se está generando el estado de consciencia para encontrar canales de comunicación que eviten el maltrato físico y psicológico y nos ayuden a construir relaciones humanas de amor y respeto mutuo. A continuación mencionaré los castigos más comunes que se generalizaron en estas últimas décadas:

- golpes en la cabeza,

- jalar la oreja,

- jalar el cabello,

- jalar el brazo,

- golpes con las manos en las nalgas,

- golpes con las manos en la espalda,

- golpes con las manos en las piernas,

- golpe en la mejilla o cachetadas,

- golpes con el cinturón del papá,

- golpes con objetos como el "chicote de cuero trenzado", entre otros,

El "chicote de cuero trenzado" era un instrumento muy parecido al látigo que se usaba en las provincias de Bolivia para golpear a los caballos, vacas y otros usos de trabajo en el campo; era común y tradicional que haya uno en casa, también servía para "domar" a los niños que no seguían instrucciones o eran rebeldes.

Si contestábamos con rebeldía recibíamos el golpe en la cara o en la boca para aprender a callar, a más llanto con gritos y berrinches recibíamos más golpes, así que mejor llorar lo menos posible, o llorar sin gritar para no molestar a los vecinos, o tapaban la boca con las manos al golpear en las nalgas para que no se escuchen los gritos.

En los castigos era común que **los golpes físicos eran acompañados de gritos e insultos que lastimaban la dignidad, golpeaban la autoestima y dañaban la personalidad del infante**, este hecho es comúnmente descrito como "maltrato psicológico", era el causante de las **"heridas emocionales"**, estas heridas son más profundas y de largo plazo, quedan grabadas en la mente y en los sentimientos del niño. El "maltrato psicológico" cuando se acompaña con el "maltrato físico", es doblemente poderoso el daño porque está invadiendo y atentando directamente la integridad y sensibilidad del niño, es un ataque directo al "SER", una vez el "SER" es lastimado se causa una interferencia en el desarrollo de la personalidad, ocasionando trastornos mentales, psicológicos y emocionales que pueden tomar una vida entera encontrar el camino de sanación.

En mi caso, **el miedo a recibir llamadas de atención de los maestros y de mis padres me impulsaba a hacer todas las tareas en el curso**, todos los días al llegar al colegio ya era un hábito al ingresar al curso sentarme a mirar la mesa esperando la hoja con las instrucciones para comenzar a "hacer".

Socializábamos pocas veces, la maestra nos daba instrucciones para hacer las tareas en silencio, si había algún emocionado que hablaba fuerte la maestra le llamaba la atención o lo aislaba por hablar mucho en la esquina del aula sentado en una silla mirando hacia la pared.

Mi primer año en la escuela me dio la sensación de ser el año más largo de toda mi vida, **ese año comencé con trastornos y desorden en el sueño, descubrí que era sonámbula,** en las madrugadas me levantaba de la cama dormida y despertaba asustada parada o sentada en el pasillo con los juguetes en mis manos.

Mientras estaba sonámbula jugaba dormida hasta que el ruido de los juguetes al caer de mis manos me despertaba o me tropezaba con los muebles del pasillo, el hecho del despertar en la oscuridad me asustaba, el hecho de descubrir que no estaba en mi cama me asustaba y me ponía a llorar, a veces las sombras y la oscuridad me llenaba de pánico y gritaba de miedo hasta orinarme de pie.

Mis padres se levantaban asustados con los gritos, me limpiaban si estaba mojada por la orina, me cambiaban ropa limpia y me llevaban a la cama no sin antes regañarme porque estaba perturbando el sueño no solo a ellos, sino a mi hermana menor y a los vecinos también, que al día siguiente reclamaban el desvelo.

Me sentía culpable de desvelar a mis padres, ellos siempre me repetían que tenían que levantarse temprano a trabajar y necesitaban dormir, al día siguiente el silencio de la culpabilidad me invadía los sentimientos y me obligaba a mirar al piso.

Comencé a tener miedo a la oscuridad, cuando apagaban la luz las sombras se convertían en mi mente en fantasmas, no podía dormir por miedo. En la oscuridad cualquier ruido me llenaba de escalofrío, desde una hoja seca movida por el viento hasta el zumbido de un insecto.

Pedía a ruegos a mi mamá que dejara la lámpara encendida ó las luces del pasillo encendidas para no quedarme a oscuras, sentía que en la oscuridad mi sensibilidad aumentaba y la imaginación volaba para darle forma a las sombras.

El miedo provocaba el temblor de mi cuerpo, sentía frío en la espalda y en los pies, mi mamá nos abrigaba por las noches y cerraba las ventanas pensando que era un escalofrío de resfrío, sin embargo a pesar del calor o del abrigo, el escalofrío se sentía en las noches en mi espalda y en mis pies. Para evitar las pesadillas me resistía a dormir, me desvelaba en la madrugada hasta altas horas de la noche quedaba en silencio observando el vacío de la noche. Cuando estaba a punto de dormir escuchaba zumbidos en los oídos y luego escuchaba una respiración como si alguien se acercara a respirar en mis oídos, me quedaba petrificada de miedo sin moverme en mi cama, sentía que no podía moverme, mi mente me decía que eran energías de la oscuridad provocadas por la imaginación.

Estas experiencias al día siguiente les contaba asustada y preocupada a mis padres, ellos me miraban sorprendidos y me decían que eran producto de mi imaginación porque seguramente escuchaba cuentos de terror en el colegio o miraba películas de terror cuando ellos no estaban, solo existía un televisor en el dormitorio de mis padres y en las tardes no había señal, la televisión iniciaba la programación a las 6 de la tarde cuando ellos ya estaban llegando a casa.

Estas experiencias psicosomáticas me acompañaron durante toda la primera infancia y la niñez, la mayoría de las veces llegué a orinarme durmiendo en la cama, despertaba mojada de la orina y sentía vergüenza, me quedaba quieta y en silencio cubierta por las sábanas y cubrecamas, la sensación de despertar y descubrir que mojaste la cama era terrible para una infante que le repetían todos los días que no debía orinarse en la cama. Cuando me ocurría la incontinencia, sentía que hacía algo malo y que defraudaba a mis padres por desobedecer, me sentía terrible.

Cuando mi mamá me preguntaba por qué me había orinado, no sabía cómo explicar que no podía evitarlo, me sentía descubierta, quería esconderme de la vergüenza, no podía hablar, me sentía culpable, bajaba la cabeza miraba al piso y me ponía a llorar, me sentía tan mal que se bloqueaba mi garganta y me quedaba en silencio.

El año pre-escolar terminó y el último día como siempre de la mano de mi mamá iba a la Escuela a recoger la libreta, **recuerdo el rostro de satisfacción de mi mamá y el orgullo de mi papá cuando la maestra anunciaba que era la mejor alumna.**

La descripción que hizo la maestra de mi personalidad me causó mucha sorpresa, me quedé en silencio asimilando todo el ramillete de palabras que me consideraban un buen ejemplo, en el fondo sabía que toda esa descripción era una personalidad que había sido creada por mí misma como una manera de defensa para evitar castigos y llamadas de atención, ante la necesidad de sobrevivir en las largas jornadas en las aulas escolares y obviamente para ver felices a mis padres.

Tanto reconocimiento en menos de 5 minutos de conversación entre mi mamá y la maestra, quedó grabado en la memoria de mi mamá y obviamente en la mía:

- era una niña inteligente y muy respetuosa,

- tenía buena conducta,

- buena compañera,

- me gustaba ayudar a los demás cuando terminaba mis tareas,

- no me gustaba estar sin hacer nada en la clase,

- me desesperaba si estaba sin actividades, me ponía inquieta hasta que me den actividades para hacer,

- era obediente,

- era enseñable,

- era educada.

En pocas palabras era la "niña ejemplar", cuando escuchaba esa descripción el asombro me invadió totalmente, pensaba: " ¿está hablando de mí? ¿Esa soy yo?" aunque estaba invadida por la sorpresa, no podía evitar sentir satisfacción de que mi plan había sido perfecto, **"someterme a cumplir todas las instrucciones y seguir todas las reglas del colegio y de mis padres"**, mi estrategia funcionaba:

- "Seguir instrucciones en silencio"

- "Cumplir las órdenes"

- "Hacer lo que los demás dicen"

- "Seguir las normas y las reglas"

- "Callar y no hablar cuando los adultos hablaban"

- "Escuchar y obedecer"

- "Permitir que decidan por mí"

- "Evitar opinar"

- "Pedir permiso antes de hacer algo"

Mi tristeza y frustración no se notaba, **de una manera inconsciente y por instinto de protección, sobrevivencia y defensa, aprendí a manejar la actitud desde** niña, siendo completamente obediente con las normas y reglas de la sociedad.

Todo lo que observaba lo asimilaba profundamente, el instinto emocional desarrolló en mí un sentido de sensibilidad muy profundo, vivía con intensidad cada experiencia de mi niñez. A pesar del silencio y la resignación, mi mente no descansaba hasta encontrar la razón y el por qué de las circunstancias, esta tendencia me llevaba a una observación permanente de cada experiencia que me tocaba vivir, sin darme cuenta comencé a desarrollar una habilidad natural a relacionar hechos y encontrar el denominador común a las diferentes circunstancias. Esta situación me provocaba estados frecuentes de razonamiento lógico que me metían en una burbuja de pensamiento y me alejaba de la realidad, me provocaban la necesidad de aislarme de las personas que me rodeaban y buscar momentos de soledad y silencio.

Año 1979. 4 años. "La educación es el movimiento de la oscuridad a la luz".

Allan Bloom.

Observaba en los cuarteles del ejército, donde trabajaba mi papá, cómo los soldados recibían órdenes en silencio y obedecían absolutamente todo lo que les ordenaban, mi mente asociaba esa realidad del cuartel con la realidad del colegio, y la vida de los soldados la asociaba a la vida de los estudiantes.

Siguiendo todas las instrucciones de mis padres, mi familia y mis maestros, logré crear y mostrar la imagen que querían ver en mí. El día de entrega de la primera libreta de calificaciones en el Jardín de Infantes, fue el primer reconocimiento oficial que recibí del sistema educativo, independientemente que me sentía reconocida y alimentada en mi ego, sentí alivio de ver felices a la maestra y a mis padres, sentí consuelo y aprobación cuando me acariciaban la cabeza entre mi mamá y la maestra, **la verdadera intención de ser obediente era ver felices a mis papás y ganarme el derecho a quedarme en mi casa, haciendo lo que me gusta, en ese momento lo que me gustaba era jugar, no quería ir más a la Escuela, no quería sentirme como los soldados de los cuarteles del Ejército donde estábamos viviendo, odiaba las normas y las reglas.**

Aquel día de entrega de Libretas de Calificaciones las palabras de reconocimiento de mi mamá y de la maestra quedaron grabadas en mi memoria:

- **"Es una niña buena".**

- **"Eres una niña buena" .**

- **"Eres una niña obediente".**

- **"Tus padres deben sentirse orgullosos de ti".**

- **"Eres ejemplo para tu hermanita".**

- **"Eres ejemplo para tus compañeros".**

Todas estas frases de reconocimiento eran mi trofeo, alimentaban el instinto de aprobación y sentía que estaba cumpliendo las expectativas de la razón por la cual había ingresado al Colegio, sentía que pasaba la prueba y me ganaba el respeto y el derecho para poder hacer peticiones en mi casa. Prácticamente sin darme cuenta estaba aprendiendo a ser "Condicional" a "Dar para Recibir algo a cambio", hasta ese momento la percepción que recibía del mundo era de "condiciones", aprendía que para obtener lo que quería era necesario pagar un precio, sin darme cuenta esta impronta mental me programó en el transcurso de mi vida para la resignación ante las adversidades y circunstancias difíciles, mi mente había adoptado la creencia inconsciente que era necesario pagar un precio para obtener lo que queremos, sin importar si ese precio causa dolor, frustración, impotencia o intolerancia, aceptaba todo lo que atraía en mi vida sin aplicar ningún filtro mental.

Año 1979. 5 años. Foto de graduación del jardín de infantes. *"La educación es el alma de una sociedad, ya que pasa de una generación a otra"*. Gilbert K. Chesterton.

El último día de clases cuando nos sacaron la foto grupal, puse la mejor sonrisa, y cuando escuché que también habrían fotos individuales me esmeré en poner la sonrisa más entusiasta, estaba feliz en creer que era la última foto del año en el colegio, tenía el pensamiento que allí acababa todo, recibí mi diploma de mejor alumna, agarré la mano de mi mamá y media vuelta camino a casa.

Durante la infancia recibimos instrucciones permanentes, casi todos los días nos dicen lo qué tenemos que hacer, asimismo durante el año escolar, recibimos la programación que la prioridad es el estudio y hacer las tareas. Estas instrucciones son respaldadas por la voluntad y decisión de nuestros padres, ellos consideran una buena influencia repetirnos con frecuencia que la **meta principal es ser buen alumno y si es posible ser el mejor; ser el mejor alumno está asociado con obtener las mejores calificaciones y ser excelentes en obediencia y cumplimiento con las normas del sistema.**

A los 6 años aprendí que hacer las tareas era más importante que jugar, en vez de pensar en jugar debía pensar en los libros, mi papá siguiendo la inspiración de los maestros del sistema educativo invertía en enciclopedias y libros para crearnos el hábito de la lectura.

Al llegar del colegio, previamente antes de almorzar, **las preguntas frecuentes eran: ¿Cómo les fue en el Colegio? ¿Qué avanzaron hoy? ¿Hay tarea?, ¿Cómo están las notas? ¿Cuándo es el próximo examen?** en ese momento desfilábamos con mamá y papá a mostrar los cuadernos, luego almorzábamos juntos e inmediatamente después a hacer las tareas", las reglas eran primero hacer y terminar las tareas del colegio y luego podíamos jugar.

Después del almuerzo familiar el silencio tenía que reinar en casa, no podíamos jugar ni hacer ruidos fuertes, papá llegaba cansado del trabajo a descansar, para luego volver a salir a trabajar, teníamos que cuidar el corto descanso que él necesitaba para recargar energías antes de volver a su fuente laboral.

Casi todos los días era el mismo ritual, llegar del colegio, informar qué avanzamos, reunión familiar en el almuerzo, hacer las tareas sin hacer ruido cuidando el descanso de papá; la meta era terminar las tareas antes que papá despierte para que él nos felicite. El hecho de tener las mejores calificaciones y ser la mejor alumna era asociado con el sentido de responsabilidad, con ser buenos hijos y el derecho a pedir regalos y premios como trofeos a las buenas calificaciones.

La programación mental en el sistema educativo era que, el hecho de ser la mejor alumna, nos otorgaba el derecho a ganar el amor y el respeto de toda la familia, el sentido de "reconocimiento" estaba asociado como estímulo para motivarnos a esforzarnos en el estudio.

Desde que ingresé a clases seguí instrucciones en silencio, era poco comunicativa y muy observadora, con los días me fui programando que tenía que levantarme temprano, desayunar, vestir el uniforme y me transformaba en la estudiante robot, la estudiante modelo programada para ser el ejemplo del curso. La mente estaba focalizada para seguir instrucciones y hacer las tareas que me ordenaban en el colegio.

Estar en silencio y evitar conectarme con el exterior facilitaba mi nivel de concentración.

Año 1980. 6 años.
"O se aprende educación en la propia casa o el mundo la enseña con el látigo, y nos podemos hacer daño".
Francis Scott FitzGerald

Los profesores todos los días decían que si hablábamos mucho provocábamos distracción en el curso, si estábamos en silencio podíamos concentrarnos mejor y avanzar. En lo personal me tomé expresamente esta instrucción y llegué a ver la conversación como una pérdida de tiempo, perdí el interés en socializar con mis compañeros mientras hacia las tareas, me estorbaba cuando me hablaban mis compañeros durante la elaboración de las tareas, los miraba con actitud de molestia para que se callen y dejen de hablarme, así podía seguir avanzando concentrada en mis deberes.

Cuando tenía tareas de investigación y no encontraba las respuestas me acercaba a mi papá a preguntarle, él siempre me contestaba "revisa en el diccionario", era un hábito que heredó de mi abuelo, papá siempre contaba que mi abuelo lo enviaba al diccionario de una manera original: "busca en el mata burro", esas eran las palabras que mi papá tenia grabadas en la mente. Gracias a que papá me enviaba seguido a investigar respuestas en el diccionario, fue entonces que desarrollé el hábito de convertir al diccionario en mi mejor amigo; ante la falta de vida social, **la lectura, el arte y la investigación eran mis distracciones principales para evitar la rutina y el aburrimiento dentro de casa.**

El interés que demostraba por la lectura, inspiraba a mis padres a comprar y regalarme más libros de cuentos, fábulas y cuadernos de dibujos para colorear, de esta manera me quedaba tranquila en casa sin ganas de salir a jugar a la calle, me devoraba con ansiedad todos los libros y enciclopedias que llegaban a la casa.

La información diaria que alimentaba en mi cerebro, me permitió desarrollar buena motricidad para escribir y fluidez para la lectura, la expresión verbal y corporal comenzó a desarrollarse y la memoria comenzó a retener más información, comencé a entender y relacionar las ideas de los libros. Comencé a llamar la atención de los profesores por la rapidez en que terminaba las tareas en la clase.

Mi enfoque en clases era ser la primera en terminar las tareas para recibir reconocimiento de los maestros, mamá me decía que tenía que esmerarme en ser la primera de la clase, ser obediente para mantener buenas relaciones en el Colegio, y destacar por la buena conducta. **En la libreta escolar existía un casillero para calificar a la Conducta del alumno con un número. Quienes teníamos la calificación más alta en conducta era por ser obedientes en clase y no ocasionábamos ninguna llamada de atención del maestro,**

en pocas palabras éramos los más "educados y programados".

Tenía compañeros lentos, les costaba agarrar el lápiz y a veces se angustiaban porque no podían terminar a tiempo las tareas para salir al recreo. Cuando no me veían los maestros, me ponía a ayudar a mis compañeros que estaban cerca mío y los ayudaba a terminar a pintar sus dibujos o a dibujar las figuras, lo hacía a escondidas, no quería escuchar las llamadas de atención y si terminábamos rápido podíamos salir a jugar. Así hice mis primeros amigos y me gané el aprecio de mis compañeros, me sentía la súper héroe de los compañeros con menos habilidades.

Descubrí que mientras más ayudaba a mis compañeros me ganaba la admiración y respeto de ellos, podía ganar amigos para jugar en el recreo, recibía aceptación y me hablaban en señal de agradecimiento, nuevamente estábamos fortaleciendo la impronta negativa de "dar para recibir a cambio", seguíamos en el servicio "condicional", seguíamos fortaleciendo el "ego", creando "necesidades" y creando "necesitados", el circulo vicioso del "egoísmo", una filosofía de vida que ya no funciona para la nueva conciencia y para el desarrollo del amor incondicional.

Me dí a conocer en el curso por ser la más rápida en terminar las tareas, y me gané la amistad de mis compañeros por ayudarlos a hacer sus deberes cuando ellos no lograban entender o no entendían cómo avanzar. Mis compañeras querían sentarse cerca de mí para poder recibir las respuestas a las preguntas de la clase, yo era felíz de sentirme necesitada, mi ego y mi autoestima se fortalecían a la vez.

Sentía compasión por mis compañeros cuando los maestros les llamaban la atención por no hacer las tareas, no soportaba ver que se sentían mal o se sentían culpables, algunos lloraban, verlos deprimidos me afectaba, la depresión es contagiante cuando somos niños con sensibilidad desarrollada. Me sentía molesta cuando los profesores llamaban la atención con palabras y frases que bajaban el autoestima, la más frecuentes eran:

- "Son unos flojos".

- "Tienen que hacer caso".

- "Vamos a llamar a tus padres para decirles lo mal que te portas".

- "¿No te da vergüenza ser incumplido?".

- "Tus padres se sacrifican para enviarte al colegio y tú respondes de esta forma?".

*Año 1980. 6 años. **"El objetivo principal de la educación es crear personas capaces de hacer cosas nuevas, y no simplemente repetir lo que otras generaciones hicieron".***
Jean Piaget

Cada vez que escuchaba estas frases como llamada de atención a mis compañeros sentía calor en mi estómago, sentía rabia y enojo, sentía deseos de reaccionar, era como si fueran sentencias para mí, me tomaba personal todo lo que pasaba en el curso con mis compañeros, a pesar que casi no socializábamos entre sí, el hecho de vernos todos los días y compartir la misma experiencia en el mismo lugar nos conectaba como grupo y nos generaba un sentimiento de solidaridad entre nosotros, era suficiente mirarnos a los ojos en silencio para sentir lo que estábamos sintiendo y compartir lo que estábamos viviendo.

Por la eficiencia que había desarrollado como estudiante y el reconocimiento que recibía de mis compañeros por ayudarlos, se desarrolló en mis sentimientos un "complejo de mesías", me sentía la salvadora de mis compañeros, y **esa frecuencia de pensamiento me llevaba a tomarme a pecho toda experiencia de dolor propia o ajena, era como una esponja atrayendo esas experiencias.**

El vacío generado por mi baja autoestima y por los sentimientos de soledad lo llenaba con el reconocimiento de buena alumna que recibía en el colegio y que recibía de parte de mi familia. Esta situación permitía hallarle la razón a seguir instrucciones para ser la mejor estudiante. <u>**Entendí que ser la mejor alumna me daba un valor agregado ante todas las personas de mi entorno y me daba la oportunidad de llamar la atención como persona, recibir afecto, preferencias y atenciones.**</u>

El hábito de hacer tareas y mantenerme ocupada lo tenía ya marcado en mi programación mental, al llegar a mi casa me encontraba con el sentimiento de soledad, no tenía amigos para jugar, inmediatamente llenaba ese vacío con mis cuentos de lectura y cuadernos de colores. Cuando me sentía sola en casa buscaba un papel y me ponía a dibujar, me encantaba dibujar paisajes, dibujar el sol iluminando con rayos brillando arriba de las montañas en un jardín, con muchas flores y árboles, **buscaba "libertad "a través de los dibujos.**

Necesitaba "ocupar la mente", no me gustaba el silencio y la inactividad, necesitaba canalizar la energía de creatividad que llevaba acumulada ante la falta de expresión de mis sentimientos. Los libros y los cuadernos se convirtieron en mis mejores amigos y aliados para evitar la soledad y el aburrimiento.

Quería jugar, quería salir al patio y seguir investigando los rincones de la casa, las esquinas donde había naturaleza, **la curiosidad era mi terapia, descargaba stress buscando información en la observación solitaria.**

*Año 1981. 7 años. **"Los niños tienen que ser enseñados sobre cómo pensar, no qué pensar".** Margaret Mead.*

Los libros de historias infantiles, fábulas y cuentos eran mis favoritos, me encantaba practicar la lectura, luego dibujaba y pintaba hasta el cansancio, hasta que sentía presión en los dedos del uso continuo del lápiz de dibujo y de los lápices de colores.

Hoy entiendo que así como mi mamá encontraba a través del canto una manera de descargar las frustraciones de los sueños bloqueados, mi ser también encontraba una manera de descargar la soledad, la frustración y la impotencia de las vivencias de la obediencia y de la educación a través del dibujo, a través de la pintura, y a través de la investigación y la lectura.

Llevaba la misma mezcla de dulzura y tristeza mezcladas en mi corazón, las estuve asimilando desde el vientre de mi mamá. Las manifesté y las alimenté en mis sentimientos con las experiencias de presión en el Colegio, con cada impotencia que sentía al no poder hacer nada por cambiar la realidad, con cada experiencia de frustración que observaba en mis compañeros con menos habilidades, la suma de estas experiencias eran profundizadas en la memoria y guardadas en el silencio.

Antes de dormir me llenaba de preguntas que inquietaban mi mente y mi corazón:

- ¿En el colegio tenían que hacer sentir mal a quienes no tenían habilidades?

- ¿Solo los buenos alumnos merecían consideración y respeto?

- ¿Era necesario hacer tareas todos los días?

- ¿Eran necesarios los castigos si no se hacían las tareas?

- ¿Por qué tienen que gritarnos y hablarnos fuerte cuando no entendemos las órdenes?

- ¿Es necesario ser buena alumna para recibir amor y reconocimiento?

Estas preguntas llenaban la mente sin encontrar respuestas, quería cambiar esa realidad y no sabía cómo.

En mi caso **la programación diaria de ser "alumna modelo" fue creando en mí un sentido de "obligación", paso a paso el sentido de obligación se fue transformando en una "aspiración" permanente,** sin darme cuenta comencé a desarrollar el **"síndrome de la inmediatez",** me gustaba la idea de aprender rápido, hacer todo rápido, ver resultados rápidos, quería cumplir todas las expectativas de mi familia y de los maestros, en el mensaje del sistema educativo **no existía la importancia de "disfrutar el proceso de aprendizaje", en realidad la tendencia creada era: "estudiar por reconocimiento y por obligación", no existía enfoque en aprender con diversión.**

Cuando mi hermana menor comenzó a acompañarme en el colegio, en cada recreo escolar cuando sonaba el timbre, mi prioridad era salir corriendo de mi curso a buscar a mi hermana y ver como ella se sentía, los sentimientos de solidaridad me inspiraban hacerle seguimiento, nos juntábamos a comer juntas la merienda y conversar, ella me contaba que no le gustaba el Colegio y que quería irse, también lloraba pero ya estaba más resignada, ella ya sabía que si no obedecía recibía llamadas de atención de los maestros y nuestros padres, veía la imposición de la disciplina en los otros niños y obviamente lo observaba a diario conmigo, éramos el espejo de lo que a ella también le esperaba como advertencia, **era lógico que el temor la obligaba a someterse de la misma manera, ella era parte de una "sumisión voluntaria" una reacción en cadena.**

Ya estaba programada y actuaba como una pequeña robot, aprendía y seguía todas las normas y fui la encargada de dar el ejemplo a mi hermana para que ella también se resigne a disciplinarse. Ya tenía el chip de ser la niña buena y la presión de ser la mejor alumna.

*Año 1981. 7 años. **"El buen maestro defiende a sus alumnos contra su propia influencia personal".***
Amos Bronson Alcott

Ese año mis trastornos del sueño aumentaron, seguía con miedo a la oscuridad y se sumaron las pesadillas, despertaba gritando y llorando, seguía orinándome en la cama, ocasionaba incomodidad a mis padres que tenían que sacar frecuentemente el colchón al patio a que recibiera el sol, sentía vergüenza cuando los vecinos al ver las manchas preguntaban quién era la que ensuciaba seguido el colchón.

Mis pesadillas ocasionaban desvelos a mis padres y a los vecinos, la casa de tres pisos era alquilada para viviendas de familias de militares, tenía departamentos contiguos en cada piso, cada departamento habitaba una familia, era de esperarse que mis llantos se escucharan a través de las paredes contiguas a la familia vecina. Cuando tenía pesadillas y entraba en pánico se enteraban los vecinos con mis llantos, mi papá tenía que levantarse cada vez a ordenarme a dormir ya que no me calmaba con mi mamá, tampoco con la niñera.

Año 1981. 7 años. ***"El trabajo del maestro no consiste tanto en enseñar todo lo aprendible, como en producir en el alumno amor y estima por el conocimiento"****. John Locke.*

Ante la frecuencia de las pesadillas y la molestia de los desvelos que ocasionaba a los vecinos, mis padres decidieron llevarme al psicólogo y luego al psiquiatra, ambos me recetaban medicamentos y vitaminas para los nervios y para el cerebro, me daban juguetes raros para que juegue como terapia, y me hacían interrogatorios acerca de todo lo que pensaba, lo grababan todo, me provocaba ansiedad esas terapias, me sentía invadida en mi privacidad.

Tenía miedo hablar con los médicos, eran extraños para mí, me asustaban los consultorios con doctores, era pequeña, la silla que me tocaba sentarme era muy grande para mi tamaño, y la mesa del escritorio del doctor aún más grande, el doctor sentado en su sillón se veía dominante, parecía un gigante, nunca me gustaron los consultorios de la seguridad social, se veía a la gente triste esperando en los pasillos, enfermos trasladados en camillas y sillas de ruedas, el olor era a alcohol y medicamentos, era deprimente esperar en el pasillo, veía tantos enfermos que en algún momento pensé que también tenía una enfermedad y por esa razón me encontraba con los médicos.

Aumenté la ansiedad por comer dulces y tomar refrescos con azúcar, comencé a subir de peso, **desarrollé enfermedades psicosomáticas, en temporadas de exámenes sentía que me dolía todo el cuerpo, sentía fatiga al respirar, se bajaban las defensas y los resfríos eran seguidos, era frecuente los medicamentos para el resfrío, para los bronquios, para la tós, para la fiebre, para el estreñimiento y las vitaminas para subir defensas. Cuando iba a los controles médicos, en el diagnóstico no salían problemas físicos, decían que era todo psicológico. Las pesadillas continuaron, cada vez gritaba menos y aprendía a controlar las lágrimas, ya me estaba acostumbrando a tolerar los sueños que me causaban ansiedad y pánico.**

La más común de mis pesadillas era la de un tren que avanzaba a toda velocidad para matarme, me encontraba amarrada en las rieles del tren, la sensación del acercamiento del tren me causaba presión en el estómago, hasta que el pánico invadía el cuerpo y despertaba gritando. En otras pesadillas estaba cayendo en un abismo oscuro, gritaba desesperadamente pidiendo ayuda que no me dejen caer, buscaba de dónde agarrarme y no veía nada, solo el vacío. También veía en los sueños presencias extrañas de monstruos, primero eran como una masa sin forma color rojo o negro que buscaba envolverme, en mi desesperación gritaba pidiendo ayuda a mis papás pidiendo que no permitan que me lleve, con el tiempo comencé a darle forma con la mente a la masa, le daba la forma de los monstruos que observaba en los dibujos animados de la televisión.

Comencé a tener principios de esquizofrenia, sentía presencias en el ambiente como si me observaran y me hicieran seguimiento, tenía miedo estar sola, sobre todo en los rincones oscuros de las habitaciones, cuando sentía presencias extrañas me palpitaba el corazón aceleradamente, sentía escalofríos en la espalda y ganas de llorar, inmediatamente salía corriendo de mi cuarto buscando a la niñera o a mi hermana para pedir protección y me acompañen hasta dormir.

A pesar de los trastornos mentales y emocionales logré concluir la gestión escolar con las mejores calificaciones, una vez más lograba la meta. Conforme avanzaba el nivel primario me llamaba la atención ver la creatividad de los maestros al momento de imponer disciplina, **las amenazas funcionaban como medidas preventivas antes de imponer castigo a los alumnos. Era más fácil programar a los alumnos con miedo, así nos mantenían quietos.**

Muchas veces los maestros se veían cansados, con estrés, cuando los gritos y los nervios del maestro eran frecuentes los comentarios en el curso no se hacían esperar: "sería bueno se tome unas vacaciones la maestra, se ve nerviosa, grita mucho". Tuvimos la experiencia de ver llorar a una maestra en el curso por un problema que tuvo en su hogar, ella nos dio un trabajo práctico en el curso para distraernos mientras lloraba en silencio, todos observábamos también en silencio, fueron momentos en que, como alumnos sentimos compasión por la profesora, ese día no voló ni un papel nadie hizo ruido, el instinto de sensibilidad nos inspiró a satisfacerla con el silencio y obediencia para hacerla sentir bien.

Siempre me pregunté si los maestros recibían algún tipo de educación emocional cuando estudiaban la profesión, **no entendía por qué los profesores descargaban sus nervios y frustración en gritos y represalias con los alumnos.**

Año 1984. 10 años.
"Es más acertado contener a los niños por honor y ternura, que por el temor y el castigo". *Terencio*

Solo con el paso de los años en la adultez comprendí que el Magisterio recibía en sus filas de postulantes un porcentaje de alumnos bachilleres que no lograban ingresar a la Universidad, y como segunda opción decidían ingresar a la carrera en la Escuela Normal encargada de la formación de maestros, es decir que estudiaban por necesidad, no lo hacían por vocación de servicio. En mi país se daba esta situación, nuestra educación está en manos de seres humanos que tampoco reciben formación en gestión emocional y relaciones humanas.

Ser maestro era la carrera que tenía menor presupuesto de inversión en relación a la inversión efectuada para estudiar en una universidad, a la vez, ser maestro era una manera de asegurar un ingreso básico a través de un ítem que otorgaba seguridad social y jubilación dependiente del Estado.

Las pocas veces que los maestros decidían hablar con confianza con los alumnos nos sentíamos conectados con ellos a través del corazón, fueron muy pocos esos momentos, **la mayoría de las veces existía distancia con el maestro, la relación era desde la mente, excluyendo el sentimiento.** El lenguaje de los educadores era a través de las instrucciones, órdenes y seguimiento en el cumplimiento de las obligaciones de los alumnos. **"Uno recuerda con aprecio a sus maestros brillantes, pero con gratitud a aquellos que tocaron nuestros sentimientos".** Carl Gustav Jung.

Durante toda la primaria observé la creatividad de los maestros para imponer castigos, entre los castigos que me tocó observar y algunos vivir, recuerdo claramente:

- Niños parados en el patio bajo el sol durante las horas de clases.

- Hacer 40 sumas y 40 restas de un día para otro.

- Poner orejas de burro en la cabeza, hechos de cartón.

- Sentarnos solos en la silla mirando el rincón de la pared.

- Durante el recreo quedarse encerrado dentro del curso.

- Barrer el patio en horas de clase.

- Dejarnos afuera de la clase sin dejarnos ingresar al curso.

Asimismo las frases más comunes en las llamadas de atención eran:

- "¡Silencio!".

- "¡Prohibido hablar!".

- "¡Cállense!".

- "¡No seas burra!".

- "¡Eres un desastre!".

- "¡No seas floja!".

- "¡Sinvergüenza!".

- "¡Qué te crees!".

- "¡Le voy a avisar a tu papá!".

- "¡Te voy a enviar a la dirección con la Directora!".

- "¡Vas a recibir castigo!".

- "¡A hacer las tareas!".

- "¡Aquí vas a aprender lo que te no te enseñan en tu casa!".

- "¡Con esa conducta nunca vas a avanzar!".

- "¡Eres un maleducado!".

- "¡No seas tonta!".

- "¡Que estupidez!".

- "¡Malcriada!".

- "¡A trabajar!".

- "¡Eres una abusiva!".

- "¡Te aprovechas de mi paciencia!".

- "¡Me voy a quejar de tí!".

Eran las frases de enojo y reclamo más comunes que se escuchaban en el curso y en el colegio de parte de los maestros casi todos los días.

Escuché tantos gritos y descarga de nervios por la impaciencia de los educadores que llegué a contagiarme del estrés en los nervios.

"Rechazo toda violencia en la educación de un alma tierna que se adiestra para el honor y la libertad".
Michel de Montaigne.

El sistema nos educaba que teníamos que ser mejor que nuestros padres, ser la mejor alumna tenía el rango de ser el orgullo de la familia, y el honor más grande era tener las mejores calificaciones para ingresar a la Universidad, **desde niños sentíamos el peso en la espalda de la obligación de triunfar, aprendimos que no teníamos derecho a fracasar, que teníamos que competir entre nosotros por el trofeo llamado "reconocimiento con diploma de honor" o ser el "abanderado" o "porta bandera"**, el mejor alumno era el que desfilaba de primero delante de todos los estudiantes portando la bandera, eso era una proeza.

A los 12 años, ya estaba aburrida de ir al colegio, llevaba 8 años de estudio en las aulas escolares, calificaba al cuadro de Honor del curso o lograba los primeros lugares, cuando los maestros hacían exámenes sorpresas, sabía casi todas las respuestas, vivía repasando las lecciones de las diferentes materias de estudio antes de ir a clases para estar lista y levantar la mano en cada evaluación sorpresa en el curso. Sentía la obligación moral de ser siempre la primera en responder, para mí era normal ser voluntaria para salir a la pizarra, en presentar las tareas, **me daba pánico no saber la repuesta, siempre tenía ansiedad cuando hacían las preguntas, me enfocaba en concentrarme en obtener la respuesta correcta, aprendí a desarrollar la mente, a grabar las lecciones en la memoria, sin importar si verdaderamente entendía, "aprendía mucho sin sentido".**

Ser la mejor alumna, era estar obligada a estudiar para sacar las mejores notas y recibir aprobación de los maestros y de los padres. **Me daba pánico los números rojos en el examen, los veía en los exámenes de mis compañeras con menos habilidades. Cuando las calificaciones eran bajas les ponían ceros o calificaban con tinta roja,** cuando era encima del promedio era con tinta negra o azul; veía a mis compañeras llorar cuando recibían notas por debajo del promedio, se lamentaban que sus padres las castigaban cuando llegaban con las calificaciones color rojo por debajo del promedio, los maestros obligaban a traer firmado el examen por el papá o por la mamá, a veces obligaban la firma de los dos padres para asegurarse que los padres estén informados de las notas de las alumnas.

Tenía compañeras que tenían tanto miedo al castigo violento de sus padres que falsificaban las firmas de ellos, casi siempre las descubrían porque las firmas salían con líneas temblorosas, entre los 8 y 12 años es poco probable que existan expertas falsificadoras de firmas, cuando eran descubiertas eran llevadas a la dirección, convocaban a sus padres en presencia de la directora, llamaban la atención a la alumna, hacían firmar a los padres un compromiso que le harían seguimiento a la hija y para completar el castigo las expulsaban del colegio 1 o 2 días.

Era fatal para todas las compañeras de curso enterarnos de la ausencia de la compañera en el Colegio por uno o por dos días, por haber falsificado la firma de sus padres, entendíamos que era para esconder la mala nota en un examen y evitar ser castigada. Cuando la estudiante volvía a clases, nada era igual, teníamos miedo juntarnos con ella, para que no piensen los maestros que nos podíamos contagiar de hacer lo mismo, la compañera que volvía de una expulsión era como si tuviera una "marca de culpabilidad", la sentaban en la última fila, eran "observadas", consideradas "mala influencia", "la peor de la clase", en mi condición de mejor alumna no podía juntarme con niñas que tenían "mala reputación por romper reglas del Colegio", tenía miedo acercarme a ellas.

Luego de las entregas de notas era un espectáculo ver en los recreos las camarillas de compañeras reunidas, en cada grupo se veía por los menos una o dos compañeras que **mostraban los moretones o hematomas en su cuerpo por los golpes de los castigos que recibían de los padres por las bajas calificaciones.** Escuchaba toda clase de historias, entre las más sorprendentes y con mayor audición eran las historias de castigos con golpes con el palo de la escoba, con el cinturón del papá o con la manguera del jardín, lo contaban como una historia de hazañas argumentando "no me dolió", "me pegó fuerte y no sentí nada", otras compañeras lo tomaban en son de chiste y las más sensibles lloraban y se desahogaban con la marca del dolor buscando consuelo en el abrazo y la compasión de las compañeras.

Año 1986. 11 años. Abanderada en desfile escolar. **"El colmo de la estupidez es aprender lo que luego hay que olvidar".** *Erasmo de Rotterdam.*

Hubieron casos extremos en que las compañeras no aparecían 2 o 3 días al Colegio por los golpes recibidos, nos enterábamos de las historias cuando retornaban a clases, los castigos eran tan severos que quedaban adoloridas y con hematomas en el cuerpo, los padres avergonzados sacaban licencia en el Colegio con excusas de resfríos o viajes para que los hematomas dejen de notarse y los maestros no se den cuenta del maltrato físico al que eran sometidas las alumnas por los padres, **nunca supe si los Colegios evaluaban los casos de maltrato físico y psicológico que los padres otorgaban a los hijos por motivo de las malas notas del Colegio.**

No quería vivir los castigos que veía en mis compañeras que sacaban malas notas o estaban por debajo del promedio, **los maestros siempre las mostraban como advertencia de mal ejemplo.**

Me llenaba de angustia escuchar las historias de los dramas de mis compañeras sufriendo las consecuencias de los castigos por las bajas calificaciones, sentía ganas de llorar, no podía evitar sentir el reflejo del dolor que ellas expresaban. Esas historias eran advertencias para seguir estudiando y obtener buenas calificaciones, en temporada de exámenes me desvelaba estudiando, cuando apagaban la luz en la casa para dormir, obtenía una linterna que le sacaba a escondidas a mi papá y debajo de la sábana la encendía para seguir estudiando hasta la madrugada mientras todos descansaban en silencio.

*Año 1986. 11 años. Abanderada en el Desfile escolar **"Educar no es dar carrera para vivir, sino templar el alma para las dificultades de la vida"**. Pitágoras.*

No tenía conciencia de las horas, solo leía hasta el cansancio, hasta lograr entender, comprender, memorizar y grabar en la mente las lecciones, llegué a desvelarme muchas veces, cuando veía que comenzaba a aclarar el cielo en la ventana en la madrugada reaccionaba y dejaba los libros, no sentía las horas, **tampoco tenía conciencia que la falta de descanso me llevaría a trastornos mentales, bajas defensas, problemas de nervios y ansiedad.**

Con el tiempo llegaría a desarrollar enfermedades psicosomáticas como dolores de cabeza, fiebre, adormecimiento en la mitad del cuerpo, hormigueo en la planta de los pies, problemas de circulación, y sensaciones de punzadas en el corazón, eran las reacciones de mi cuerpo que pedía a gritos descanso físico y mental y estilo de vida saludable.

Las visitas al médico continuaban por las pesadillas, seguía recibiendo los medicamentos y vitaminas para el cerebro, calmantes para los nervios y pastillas para dormir, eran parte de mi vida escolar, desvariaba mentalmente por falta de descanso, imaginaba fantasmas cerca mío cuando estaba sola, la mente jugaba con mi imaginación, le daba forma a las sombras en la oscuridad, me sugestionaba con los dramas que mi mente escolar estaba absorbiendo cada día en el recreo del colegio con las historias de los maltratos en las compañeras.

Seguía con las mismas sensaciones psicosomáticas provocadas por los miedos internos, les contaba a mis padres, y ellos me decían que las experiencias y visiones eran producto de mi imaginación, inventadas para llamar la atención.

Llegué a pensar que estaba mal de la cabeza, hasta que un día, mi mamá preocupada por las pesadillas volvió a llevarme al psicólogo, me diagnosticaron **"principios de esquizofrenia y trastornos nerviosos por ansiedad"** me recetaron **calmantes que me provocaban taquicardia y mucho sueño** y me recetaron más vitaminas y medicamentos para el cerebro.

Mi mente se acostumbró a digerir a diario la lectura, tenía 11 años y ya estaba leyendo libros de profundidad como la "Divina Comedia" de Dante Alighieri, admiraba y estaba obsesionada con la obra de Leonardo Da Vinci, quería ser como ellos, **me enamoré del arte, del estudio de las culturas de la antigüedad y de la sabiduría.**

Comencé a soñar con grandes héroes de la Historia que influyeron en los cambios en la humanidad, me apasionaba estudiar las biografías de los grandes personajes de la Historia Universal admiraba el amor del ser humano transformado en filosofía, misión, servicio, arte y cultura. Admiraba las pinturas de los grandes artistas medievales y del Renacimiento, me obsesioné con hacer la copia perfecta de la obra de arte pictórica "La Gioconda" de Leonardo Da Vinci, tenía fascinación por la Historia del Arte y de la Cultura, mi materia favorita era Historia, Geografía, Artes Plásticas y Filosofía.

Llegué a aprender de memoria las capitales de todos los países, la ubicación geográfica, dibujaba los mapamundis exacto en la pizarra, memoricé las biografías de casi todos los filósofos griegos, las civilizaciones antiguas eran mi adicción, Egipto, Medio Oriente, Persia, Grecia, Roma, Turquía, India, la cultura maya.

Todavía siento placer al recordar la pasión que sentía cuando abría los libros de Historia, sentía una felicidad inmensa, era como si me trasladara a vivir en cuerpo y espíritu toda la historia de la Humanidad, era el espacio mental donde vivía el protagonismo a través de los personajes.

Lloraba cuando mi papá me quitaba los libros de Historia en señal de llamada de atención para que duerma temprano, el peor castigo que podía recibir era que me quiten los libros.

Despertaba temprano para ir al colegio, a veces me atrasaba haciendo las tareas por leer los libros, leer y aprender era lo que me llenaba de felicidad, transportarme a esos mundos de descubrimiento del conocimiento.

Me convertí en obediente, sumisa, estudiaba todo lo que ordenaban en el Colegio, me sentía como el brazo derecho del profesor, ser buena alumna me daba protección y poder ante la discriminación y la crítica.

Fuera de las materias humanistas que me gustaban mucho, todas las demás que eran ciencias exactas como Física, Química y Matemáticas no me interesaban, estaba insatisfecha y no le hallaba sentido ni razón estudiarlas.

Nunca entendí de qué me iba a servir el álgebra, la factorización, las fórmulas de química y de física, los algoritmos, aprender de memoria la tabla de valores de química, odiaba los números, aun así los estudiaba y los repetía de memoria sin comprender para que servían las fórmulas, solo entendía que si las aprendía de memoria me servía para sacar las mejores calificaciones, mantener mis buenas notas, lograr el mejor promedio y recibir el reconocimiento en el curso. Si hoy me toman exámen de estas materias no recuerdo absolutamente ninguna fórmula, tampoco recuerdo como se resuelven, con seguridad entregaría un exámen en blanco.

Mi pasión a los 9 y 10 años era abrir un libro de historia, mis hobbies o distracción era buscar un retrato en libros de historia y copiar el dibujo a exactitud usando témperas, acuarelas y lápiz negro, era como si la mente le sacaba una fotografía y la materializaba a través de mis manos en la hoja.

Acumulaba los dibujos y los archivaba, tenía 10 años cuando dibujé con temperas una copia casi perfecta de un retrato de un libro de historia, le mostré a mi mamá, ella no podía creer que yo era la autora. Me preguntó de dónde me traje los dibujos, quién era el autor, mi hermana menor que me observaba pintar me sirvió de testigo y dio fe que era la autora de los dibujos. Mamá le mostró a mi papá y se hizo público en la familia que tenía la habilidad para dibujar y pintar. Mi papá me inscribió en un Concurso Bienal de Arte y Dibujo para adolescentes en la Casa de la Cultura de la ciudad de Santa Cruz y mi dibujo salió entre los seleccionados, no gané pero recibí la satisfacción de ser reconocida como talento.

Desarrollar otras habilidades me permitió ganarme la admiración y respeto en la familia y amigos, disfrutaba mucho recibir reconocimiento, sentía seguridad y protección de mi autoestima, la programación educativa era que éramos valiosos si teníamos habilidades, si no las teníamos no éramos valiosos, éramos uno más del montón. En el colegio nos inyectaban sentido de competencia e individualidad, todos queríamos brillar en alguna área, sentíamos la necesidad de ser reconocidos y valorados.

Año 1989. 14 años. Diploma de Honor 1er. Lugar en Competencia de Matemáticas. **"Una educación no es lo comprometido que estás para recordar o incluso cuanto sabes. Es ser capaz de diferenciar entre lo que sabes y lo que no sabes"**. *Anatole France.*

Año 1989 – 14 años. Diploma de Honor 3er. Lugar en Materia de Física, **"Debes aceptar responsabilidad por tus acciones, pero no el crédito por tus logros".** *Denis Waitley.*

Cuando llegaba con las libretas escolares a casa, mi papá revisaba las notas, yo sabía que todas eran excelentes porque los maestros me lo decían, sin embargo, mi padre se fijaba en las notas que faltaban uno o dos decimales para llegar a la máxima, me decía

- "¿Qué pasó con ese decimal?".

- "¿Que faltó para que llegues a la nota máxima?".

- "Puedes hacerlo mejor".

Estas frases me inspiraban y motivaban a pretender ser siempre la mejor alumna, la primera del curso, no existía valor al segundo lugar, solo al primer lugar.

Estas programaciones en la vida adulta me llevaron a ser exigente conmigo misma, a buscar siempre ganar y ganar, no aceptaba el fracaso como proceso, lo veía como debilidad, caía en depresión cuando no lograba mis objetivos, **buscar la excelencia es bueno, pero hacerlo como hábito causa frustración cuando no logramos los objetivos.**

Comprendo que mi papá me efectuaba las observaciones por inspirarme a la excelencia, entiendo que la intención era buena acorde con su formación y visión, él quería transmitirme motivación para ser fuerte y lograr mantenerme en los primeros lugares de reconocimiento.

Me acostumbré a recibir palabras de reconocimiento de mi papá cada vez que lograba éxito en el Colegio, me causaba dolor y estrés cuando no recibía el reconocimiento, me inspiraba cuando me felicitaban y me abrazaban con alegría diciéndome que era la mejor, esos momentos me generaban sentimientos de confianza y autovaloración personal.

¿Cómo conciliar con el dolor de la obediencia y de los castigos?

"El gran descubrimiento de mi generación es que los seres humanos pueden cambiar sus vidas al cambiar sus actitudes mentales". William James

Cuando el maltrato físico y psicológico es reiterativo en la formación del niño y adolescente se originan seres humanos con múltiples heridas emocionales que los conducen a trastornos mentales y de personalidad, estos seres son peligrosos para la evolución de la humanidad, porque son los causantes de seguir duplicando como hábito el castigo físico, el maltrato psicológico, son propensos a los vicios y las adicciones de toda clase para esconder los sentimientos de víctima, de mártir, de culpabilidad y las profundas depresiones.

Los seres humanos con trastornos de personalidad pueden agravarse con los años, las emociones negativas atrapadas en los sentimientos de la persona, son como el agua del pantano que se acumula y no encuentra salida, se va oscureciendo, oxidando, y cada vez está más tóxico, en casos extremos pueden convertirse en torturas psíquicas, las torturas psíquicas son las causantes de provocar desviaciones en la conducta humana, por esta razón hoy somos testigos de seres humanos con trastornos en la personalidad que desembocan en suicidios, desviaciones sexuales, delincuencia, adicciones compulsivas, agresividad en la conducta, incluyendo psicópatas, son los protagonistas de las tragedias que se leen a diario en la crónica roja de los periódicos.

Se puede detener la ola de delincuencia juvenil y construir una nueva sociedad más feliz si se trabaja en la educación y limpieza emocional de los niños desde la primera infancia en las escuelas públicas y privadas del Estado, la educación con filosofía de valores es la alternativa más saludable para la sociedad para que el ser humano se transforme en influencia positiva en el desarrollo de la vida en comunidad.

Por esta razón es muy importante que en los Colegios se desarrollen las materias de Educación y Gestión Emocional y asimismo se lleven a cabo "Talleres de Mapas Emocionales" para que cada niño y adolescente pueda tener herramientas de autoconocimiento y descubra las emociones negativas que fueron generadas por traumas de maltrato físico y psicológico.

Los colegios pueden ser herramientas poderosas para:

- Ayudar en el proceso de limpieza y sanación emocional en nuestros niños.

- Apoyar con terapias educativas e informativas a los padres para promover la comunicación y sanación de las relaciones afectivas entre padres e hijos.

- Con los talleres y terapias de sanación emocional y limpieza mental se estaría contribuyendo al nacimiento de una sociedad más feliz.

- A través de la educación y gestión emocional y filosofía de valores, se contribuye a multiplicar entendimiento, perdón, comprensión y respeto que lleven a generar un efecto multiplicador de sanación en las relaciones humanas.

Me tomó más de 40 años de mi vida trabajar la impronta negativa "Condicional" de "Dar para Recibir algo a cambio", hasta ese momento la percepción que absorvía del mundo era de "condiciones", aprendía que para obtener lo que quería era necesario pagar un precio. Entendí que esta creencia era innecesaria para mi crecimiento personal, que era una de las que me alejaba de la prosperidad. Gracias a investigar y estudiar en el internet (con el buscador de Google) las "Leyes Espirituales" descritas por el maestro de la Historia de la Antigüedad antes de la Era Cristiana llamado Hermes Trimegisto fue que logré sustituir la impronta negativa por una impronta positiva poderosa que es también uno de los lemas que aprendí en la Fundación BiiaLAb : **"dar sin esperar recibir nada a cambio"**, a la vez, este lema, es una ley espiritual, con profundas raíces para la transformación de la humanidad:

- Es una de las raíces principales de generar y multiplicar la prosperidad.

- Nos lleva a transformarnos en "seres incondicionales".

- La frecuencia de vida de un "ser incondicional" genera confianza en el SER.

- Un "ser incondicional" es libre de condiciones, al ser libre de condiciones, se aleja del egoísmo, y la mente se conecta directo con el corazón, de esta manera se generan circunstancias para trascender como seres humanos.

De la misma manera, **<u>Hoy entiendo que el fracaso es parte del camino al éxito</u>**, es un peldaño de avance, hoy comprendo la necesidad de implementar nuevos moldes de pensamientos para evitar el dolor de las frustraciones provocadas por la extrema obediencia y el miedo al castigo, tales como:

- Entender desde niños que buscar la excelencia implica también lidiar con circunstancias adversas que a veces nos alejaran del primer lugar o de nuestros objetivos.

- Entender que las experiencias de fracasos nos ayudarán a crecer y desarrollarnos como personas.

- Entender que en el camino al éxito, las pérdidas, las desilusiones y las frustraciones son ingredientes normales para moldear el carácter y el liderazgo.

Si logramos programar estos razonamientos en la niñez, como consecuencia en la adultez nuestra actitud sería:

- No existiría depresión ante los fracasos,

- Cada fracaso seria aprovechado como una escuela de crecimiento personal,

- A pesar del fracaso y las pérdidas nos sentiríamos alentados a seguir avanzando.

**"Educar no es dar carrera para vivir, sino templar el alma para las dificultades de la vida".
Pitágoras.**

Capítulo seis

El muro de creencias y el peligro en el uso destructivo de las palabras que genera la programación del sistema educativo

"Perseguir al que no piensa igual que nosotros, ése ha sido en todo lugar el privilegio de los religiosos".
Heinrich Heine

Año 1982. 8 años. Foto de la Primera Comunión en Santa Cruz, vestidas de monjas religiosas a la izquierda mi hermana Sandra, al centro la maestra, a la derecha estoy yo
"Sólo hay un bien: el conocimiento. Sólo hay un mal: la ignorancia".
Sócrates.

Mi país Bolivia fue evangelizado y adoctrinado en la época de la Colonia del siglo XVI y XVII por el Catolicismo de España que fue transmitido de generación en generación. En la década de los años 1970 del siglo XX, el poder de la Iglesia acompañaba al poder político, en cada posesión de una autoridad administrativa se declaraba juramento sobre las leyes de la República y las leyes de la Iglesia Católica como así también juraban la protección de la religión católica y el clero.

Es de esperarse que la población tuviera como hábitos las prácticas de la doctrina católica, entre ellas asistir a la Iglesia todos los domingos sin falta, y rituales que se convirtieron en tradiciones sociales y familiares como el bautizo, la primera comunión, la confirmación y el matrimonio religioso en la Iglesia.

En mi caso el primer impacto que tengo en la memoria en relación a la conciencia de la religión fue en el año 1980 en la ciudad de La Paz, tenía 6 años, era un día domingo, día en que los católicos están obligados moralmente a asistir a la Iglesia y escuchar el sermón dictado por el pastor de la Iglesia, asistimos con mi hermana menor de 5 años, mi abuelita materna, mi mamá y mi papá.

Al ingresar en la Iglesia lo primero que me impactó y me estremeció todo el cuerpo fue ver la estatua del hombre clavado en la cruz con su corona de espinas derramando sangre por todo su cuerpo semidesnudo, me impresioné y me asusté de esa cruel exhibición, hasta ese momento no había presenciado un cuerpo clavado en una cruz, me pareció una experiencia terrible observar esa tortura.

Abracé las faldas de mi abuelita y me escondí detrás de ella no quería ver esa imagen, y le dije "tengo miedo abuelita", mi mamá se acerca y me dice "hijita es Jesús, el hijo de Dios", cuando mi mamá me menciona la palabra "Jesús" recordé las clases de religión en el Jardín de Infantes y las oraciones del Padre Nuestro que mi mamá y mi abuelita me enseñaron desde la primera infancia.

¿Es Jesús? ¿El mismo Jesús que es hijo de Dios y nos cuida todas las noches antes de dormir? ¿El Jesús que me cuida y me da hermosos sueños? ¿Por qué tiene que estar expuesto de esa forma? ¿Por qué me muestra dolor? ¿Por qué esta derramando sangre? Mi abuelita se hace un lado para que salga de atrás de su falda y me dice "mira Dudita (mi apodo) él no es malo, esa cruz es para recordar que él murió por nosotros, para liberarnos de los pecados, él es hijo de Dios".

¿Murió por nosotros? ¿Eso es importante? ¿Morir por los demás? ¿Por qué hizo eso?, ¿No entiendo por qué esta clavado en la cruz? ¿Qué son los pecados? ¿yo soy pecadora? Miraba la estatua y solo me transmitía dolor, sufrimiento y mucho miedo, sentía ganas de llorar, no entendía por qué tanto sufrimiento en esa imagen y por qué tenía que mostrarse lastimado y torturado de esa manera, la sangre y las heridas en todo el cuerpo causaban dolor, sentía crueldad en permitir exponerlo públicamente de esa manera, no entendía por qué en un templo de oración donde supuestamente vamos a encontrar paz tenemos que asustarnos con imágenes de crueldad y dolor, me sentía confundida y con miedo.

Le dije a mi mamá asustada: "Mamá quiero salir de aquí no me gusta ver esa estatua me da miedo", y mi abuelita en tono burlesco me llama la atención "los niños que se portan mal son los que le tienen miedo, por eso tienes que rezar todas las noches, si te sales de la Iglesia es porque el diablo te está alejando". Las palabras de mi abuelita me asustaron, casi sentí escalofrío en la espalda, ¿El diablo? ¿O sea que si tengo ganas de no venir a la Iglesia soy mala? ¿Es decir que estoy haciendo caso al diablo?. ¿Y si me quedo en la Iglesia es señal que soy buena?, el razonamiento lógico me señalaba que si me quedaba era señal que estaba del lado de los buenos y si quería irme estaba del lado de los malos, obviamente quería demostrar que era una niña buena, asi que no tuve alternativa que resignarme a quedarme en la Iglesia hasta que termine el culto.

Desde niña recibí la programación de las palabras diablo asociándolo con la maldad y lo maligno, ángel asociando con la bondad y lo bueno, era lógico que los niños queríamos ser ángeles y evitar ser diablos, la conciencia de estas palabras nos inspiraban miedo.

Estas enseñanzas religiosas marcaban las palabras con enseñanzas de miedo, este modelo ya es arcaico, para trascender la humanidad es necesario trascender la mentalidad, la nueva tendencia para desarrollar el camino espiritual es enseñar con el ejemplo de vida, la calidad de amor que manifestamos desde lo profundo del corazón y la conciencia en todo lo que hacemos, desde la manera en que nos expresamos con las palabras hasta la manera en que nos relacionamos con todo lo que nos rodea. **Ya lo anticipaba el líder espiritual Mahatma Gandhi "Sé el cambio que quieres ver en el mundo".**

Fue la tortura mental más grande ese día en la Iglesia, sentí la misa más larga del mundo, no soportaba mirar al altar esa imagen de dolor y sufrimiento en la cruz, era demasiado para mí, mi ritmo cardíaco estuvo acelerado toda la misa, temblaba de miedo cuando tenía que levantar la mirada o cuando tenía que arrodillarme varias veces en señal de respeto a la estatua.

Desde entonces todas las noches rezaba, me sentía mal de no querer mirar al Jesús crucificado, no entendía que la crucifixión era una tortura normal de épocas antiguas, la Era Cristiana, quizás si hubiera estudiado Historia previamente y hubiera entendido que eran actividades normales de una sociedad de hace 200 años atrás no me hubiera afectado tanto, sin embargo la materia de Historia se llevaba recién en la Secundaria luego de muchas visitas a la Iglesia durante la niñez.

Desde entonces ir a la Iglesia no era algo que me inspiraba, no entendía como la gente sentía paz con imágenes y cuadros de lamentos torturas, sangre y lágrimas. Veía personas arrodilladas llorando delante de las estatuas prendiendo velas y pidiendo perdón, no las veía felices, las veía sufriendo igual que las imágenes de las estatuas. Me preguntaba en silencio:

- ¿Eso era normal?

- ¿Se suponía que tenía que hacer lo mismo cuando sea grande?

- ¿Arrodillarme con dolor y pedir perdón?

Me preguntaba que habrían hecho esas personas que estaban arrodilladas en el piso con los brazos en dirección de alabanza a la imagen del altar y oraban con lágrimas.

La idea de ser adulto ya no me gustaba, veía que los adultos eran aburridos, en sus ojos se veía amargura, eran impacientes con los niños, deseaba no crecer, quería quedarme niña para siempre, no quería ser como ellos.

La programación de la imagen de la crucifixión se profundizó cuando mi abuelita nos regaló un cuadro de Cristo Crucificado para colocarlo en la cabecera de mi cama en mi habitación, ella argumentaba que ese cuadro con la imagen iba a protegernos del mal mientras dormíamos, sobre todo por la cantidad de pesadillas y el sonambulismo que tenía, ella era de un pueblo llamado Magdalena en el Beni, un departamento con muchas supersticiones y leyendas de la selva y tenía la creencia que mis sueños eran perturbados por energías de bajas frecuencias.

Desde entonces todas las noches tenía que arrodillarme al borde de mi cama y rezar, me sentía rara arrodillándome ante la imagen en un cuadro, pidiendo perdón y protección todas las noches, como si existiera algo malo que nos rondaba, llegué a creer que si no rezaba me iba mal, si no rezaba era mala.

La experiencia con las imágenes de crucifixiones y santos con rostros de tristeza y dolor, sumado a los rituales de las iglesias escuchando los tonos de voz de los religiosos que parecían lamentándose al hablar, profundizaron el instinto de miedo y desarrollaron en mi inconsciente la creencia de que existía la maldad y que necesitaba rezar y pedir protección todas las mañanas y todas las noches a Dios, a Jesús, a la Virgen María y a todos los Santos para protegerme, en pocas palabras ya había desarrollado la conciencia de la dualidad del bien y del mal, de Dios y del

Diablo, la mejor escuela para adoptar la creencia del Bien y del Mal son los rituales y cultos religiosos.

Cada domingo era una historia la levantada en la mañana para ir a la Iglesia, el apuro era encontrar asiento, la competencia era encontrar asiento en las filas de adelante cerca al altar, a veces quedábamos de pie, la Iglesia se llenaba totalmente, escuchar la misa de pie era como un castigo para mí, me cansaba y me aburría rápido, contaba los minutos para que termine el sermón.

A los 6 años me hablaban de Proverbios, Sermones, Salmos, Evangelios, y largos discursos de los Religiosos Pastores que a veces duraban más de una hora, aguantábamos con mi hermana todo el ritual religioso solo por cobrar el algodón de azúcar, el globo y el helado que mi papá nos prometía si nos portábamos bien en la Iglesia y escuchábamos pacientemente todo el sermón.

Año 1980. 6 años.
"El principio de la educación es predicar con el ejemplo".
Turgot.

Con los años me fui acostumbrando a los rituales religiosos, se hizo un hábito rezar todas las noches el Padre Nuestro, el Dios te Salve María y el Ángel de la Guarda, lo repetía de memoria hasta casi dormida como una grabadora, al ir a la Iglesia ya no le tenía miedo a los cuadros, imágenes y estatuas de dolor y tortura, hasta comencé a inspirarme con todas esas imágenes, comencé a ver el dolor y el sufrimiento como normal y a aceptar que hay torturadores y torturados, buenos y malos, verdugos y mártires, el bien y el mal, la conciencia de dualidad en su máxima potencia ya estaba como impronta en mi mente.

La religión estaba marcada en la educación de la familia, prácticamente nos adoctrinaban para adoptar las mismas creencias religiosas de nuestros padres, a tal punto que en el Colegio en el recreo todos los días lunes era el tema de conversación quién había ido a la Iglesia, aquel que comentaba que no logró ir, le decíamos que era un pecado no ir a la Iglesia, que Dios lo iba a castigar y que el Diablo se lo iba a llevar por desobediente.

Con 6 años, ya teníamos desarrollados el instinto de Juzgadores, de acusadores, de cuestionadores e intolerantes, ser religiosos nos llevó a alimentar el ego, desarrollar una mentalidad exclusiva y de complejo de superioridad, no tolerábamos a los niños que profesaban otras religiones, eran castigados con el aislamiento y la indiferencia de nuestra parte, no queríamos contagiarnos de sus creencias diferentes a las nuestras.

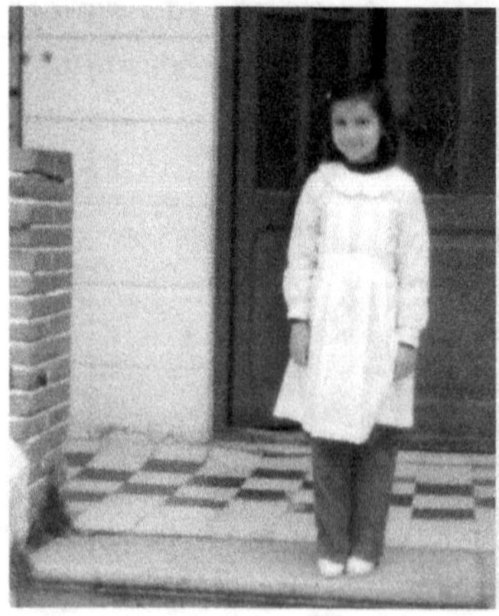

Año 1981. 7 años.
"Somos peligrosos cuando no somos conscientes de nuestra responsabilidad de cómo nos comportamos, pensamos y sentimos".
Marshall B. Rosenberg

En mis épocas los mejores Colegios eran considerados los religiosos, si el colegio no pertenecía a una congregación religiosa tenía que tener la materia Religión de manera obligatoria, caso contrario era considerado ateo o de mala reputación. Los Colegios religiosos tenían capillas o templos de visita obligatoria, y en los cursos había siempre un cuadro alusivo a la materia de Religión, prácticamente heredamos por obligación las creencias impuestas por la sociedad a través de los Colegios y de nuestros padres.

Profesar una Religión era parte de la formación de una persona "civilizada" o "educada", quien no manifestaba la religión oficial era cuestionado, criticado, excluido o repudiado, en este sentido las creencias contrarias era mejor mantenerlas en silencio o fingir la aprobación de las creencias de la mayoría religiosa para evitar la discriminación.

La conciencia de la dualidad nos llevó a polarizar todas las conversaciones, el pensamiento dominante era : "estás conmigo o no estás conmigo", "o me crees o no me crees", "o aceptas mis pensamientos o no los aceptas", evitábamos el punto medio, en tema de creencias y religiosidad la programación era de intolerancia y de polaridad, si creían lo mismo que nosotros era aceptado en el grupo, si no creía lo mismo era excluido.

Los educadores enfocaban su atención en que aprendamos de memoria la materia, en repetir hasta aprender, al iniciar la clase iniciábamos con una oración, o un saludo de buenos días e inmediatamente el profesor seguía el guión rutinario:

- "Saquen sus cuadernos".

- "¿Hicieron las tareas?".

- O, la frase que más nos asustaba: "saquen una hoja vamos a hacer una evaluación sorpresa".

Año 1981. 7 años.
Año 1982. 8 años.
"No hay más que una educación y es, el ejemplo". *Gustav Mahler*

Al iniciar la clase en las aulas escolares no existía el hábito a expresar lo que sentíamos, no nos preguntaban cómo nos sentíamos, no tenían conocimiento de nuestros sentimientos, en consecuencia los maestros no sabían nada de nuestras vidas.

Como los maestros no sabían nada de nuestras vidas, era natural que nos acostumbremos a guardar la verdadera personalidad, por tanto no teníamos la forma de saber si lo que llevábamos dentro era proactivo o reactivo para los demás, **no teníamos conocimiento para filtrar los malos hábitos de los buenos hábitos aprendidos en nuestros hogares.**

Por tanto en el recreo del colegio a través de las relaciones humanas entre compañeros descubríamos una variedad de personalidades conocidas y nuevas y **hacíamos un intercambio de buenos y malos hábitos entre compañeros, es decir que en el colegio podíamos amplificar lo bueno como también podíamos amplificar lo malo, podíamos crecer como**

personas o convertirnos en destructores de personas, era como una ruleta de suerte saber con quiénes íbamos a relacionarnos en el curso. **'No existían garantías en el sistema educativo de la formación como seres humanos".**

La mente de los niños era programada en el Colegio para obedecer a los adultos que estaban a cargo de nosotros, por tanto **éramos reflejo de los hábitos de vida de todos los adultos que mirábamos alrededor, copiábamos todo lo que veíamos,** sobre todo cuando venía de los adultos mayores más cercanos, sean padres, familiares, hermanos, en fin. Los hábitos se duplican, sobre todo cuando se repiten día a día en el hogar y en el colegio.

Uno de los hábitos que aprendemos y copiamos rápido es la "forma de hablar", la "forma de expresarnos" "la entonación de las palabras", "las gesticulaciones del rostro", "la expresión corporal", y "la rigidez", por ende los modismos, palabras costumbristas, tonos de voz, lenguaje corporal, pensamientos, forma de ver las cosas, opiniones, gestos, hasta las palabras groseras y las buenas y malas actitudes, **ante la falta de expresión éramos "esponja" para absorber todo lo que escuchábamos, sentíamos y veíamos vivir todos los días.**

En Bolivia se sentían marcadas 3 tendencias de personalidades en la forma de ser de nuestra generación a través de las tres regiones geográficas, el occidente de las montañas, los valles al centro y los llanos tropicales del oriente, cada zona marcaba la personalidad de sus habitantes por el clima. Se reflejaba en la forma, de hablar, vestir y expresar.

Por temas históricos y de distribución económica, se desarrolló competencia en el crecimiento en las 3 franjas de regiones, esa competencia generó rivalidad entre las zonas que se fue transmitiendo de generación en generación. **Los niños bolivianos no somos conscientes de esta rivalidad de regiones hasta que nos toca vivir en las tres zonas, ese fue mi caso.**

Desfile Escolar como mejores alumnas Año 1982. 8 años.
"Las emociones son una fuente crítica de información para aprender".
Joseph LeDoux.

Luego de vivir en el occidente, en el frío de la meseta de la ciudad de la cordillera, la ciudad de La Paz, en los siguientes años de primaria me tocó desfilar por Colegios privados de la ciudad de los Valles de Cochabamba y la ciudad tropical oriental de Santa Cruz. En el año 1982 cuando llegó el momento de estudiar en el Oriente, el acento del habla del occidente se pegó en mi forma de hablar cuando llegué al Oriente. Cuando compañeras orientales me escuchaban hablar con el acento de la "s" pronunciado como lo hacían en el occidente me decían "hablas como kolla"(en mis épocas la palabra "kolla" era considerada una manera despectiva casi insultiva de definir a las personas nacidas o que vivían en el occidente), tenía 7 años y ya recibía mi primera clase de "regionalismo" en la región de mi nacimiento "el Oriente".

A pesar que me defendía argumentando que era nacida en el Oriente, el solo hecho de mencionar que venía de un colegio del occidente, fue suficiente para recibir burlas alusivas al occidente, **con el tiempo entendí que el regionalismo o rivalidad en las tres regiones era transmitida por los padres, viejos conflictos mentales de resentimientos transmitidos de familia en familia, de generación en generación.**

Acto cívico escolar.
Año 1983. 9 años
"Dos excesos deben
evitarse en la
educación de la
juventud; demasiada
severidad, y
demasiada dulzura".
Platón

Cuando llegaba a un colegio nuevo el primer día de clases nos tocaba presentarnos y mencionar nuestros nombres, de qué colegio veníamos, y de qué región llegábamos, era inevitable generar comentario con mi presentación:

- Si estaba en el Occidente anunciaba que llegaba del Oriente y ya me decían "camba" o "cambita".

- Si estaba en el Oriente y llegaba del Occidente me decían "kolla" o "kollita".

- Ambos términos si venían de alguien de la región contraria y si lo decía en tono despectivo o en tono burlesco, se tomaba la expresión como un término de "discriminación".

Cuando ingresábamos al Colegio privado nos cruzábamos con los padres de familia que trasladaban y acompañaban a las estudiantes al Colegio, observaba y escuchaba a los padres orientales de mis compañeras que les decían a sus hijas "no te juntes con kollas", y a la vez escuchaba a los padres del occidente decir lo mismo de los orientales que en tono despectivo les decían a sus hijas " hijita cuídate de las cambas odiosas", **no entendía por qué los padres orientales y occidentales, "cambas" y "collas" a la vez duplicaban la semilla del falso ego regionalista en las nuevas generaciones y alimentaban los viejos odios entre regiones.**

Este enfoque regionalista o sectarista en un sistema educativo crea un abismo en el crecimiento y desarrollo personal de los estudiantes, genera división y fomenta el resentimiento social. Fue difícil manejar la actitud entre los bandos regionalistas de oriente y occidente durante la niñez y adolescencia, no podía identificarme con ninguno, llevaba en mis venas la sangre de seres humanos de las 3 regiones, en mi familia convivían kollas, cambas, chapacos, vallunos, benianos y chaqueños; por tanto, no encontraba razón al regionalismo.

La única defensa que tenía para sobrevivir en el fuego cruzado de comentarios entre regionalistas era enfocarme en estudiar, al seguir siendo la mejor alumna era forzosamente aceptada por los estudiantes de cada región. Cuando los estudiantes reaccionaban con actitud de rechazo a los comentarios regionalistas o los denunciaban con la maestra, recibían acoso del curso y era objeto de burlas. Algunas veces en los recreos con los estudiantes quedaba atrapada en conversaciones que terminaban con comentarios regionalistas, para evitar ser discriminaba y ser objeto de burlas aplicaba el silencio y me reía, fingía que eran graciosos los chistes de discriminación y que estaba de acuerdo, de esa manera esquivaba seguir siendo objeto de burlas, no quería recibir "bullyng" o acoso psicológico en el curso como lo recibían mis compañeras que reclamaban.

Con el tiempo adquirí costumbre y adaptación al regionalismo, llegué a aceptarlo como parte de la cultura de mi país. Aprendí a desarrollar tolerancia y silencio ante los comentarios burlescos de discriminación, con mi silencio fui cómplice en permitir un sistema de creencias que dañaba la autoestima personal de niños y adolescentes por el estigma de la "forma de hablar", "la forma de vestir" o del "lugar de nacimiento".

Año 1982. 8 años. Diploma de Honor y distinción como mejor alumna.

"La juventud está cansada de frases hechas. Está cansada de promesas, de palabras, de manifiestos; la juventud quiere ejemplos, maestros, líderes". *Jorge Ángel Livraga.*

Hoy tomo conciencia de este hecho y me perdono por haber sido tan cobarde y miedosa al enfrentar o denunciar a los estudiantes que lastimaban con las palabras. Como sociedad, comprendo la ignorancia en valores de integración y desarrollo personal en que desarrollamos a nuestros niños y decido cortar esta cadena mental asumiendo la mentalidad de nación antes que de región, asumiendo la mentalidad de latinoamericana antes que de boliviana, asumiendo la conciencia de planeta por encima de continente.

Año 1983. 9 años. Diploma de Honor y distinción.
Primer lugar como mejor alumna.
"Excelente maestro es aquel que, enseñando poco, hace nacer en el alumno un deseo grande de aprender".
Arturo Graf.

Un día descubrí que tenía pocas amigas y casi no me tomaban en cuenta en las actividades sociales, ser la mejor alumna me llevaba a un estilo de vida diferente:

- Compartir poco con mis compañeras.

- No era activa socialmente.

- Vivía estudiando en mi casa.

- Mis padres no me daban permiso para salir a divertirme con las amigas para no perjudicar mis horas de estudio.

- Mis temas de conversación eran de tareas y estudio, no tenía otros temas de expansión mental para ser atractiva en las conversaciones.

Era lógico que ante la ausencia social casi no era tomada en cuenta en las fiestas de cumpleaños, y ante la falta de educación emocional no era consciente que yo era la única responsable de excluirme del curso con mis actitudes. Cada lunes en el recreo del colegio, me sentía incómoda y triste escuchando los comentarios y observando cómo se divertían las compañeras intercambiando las anécdotas de toda la diversión que disfrutaron el fin de semana reunidas en casa de alguna de ellas. Deseaba vivir esas experiencias también, deseaba ser parte de un grupo de amigas, deseaba divertirme, sin embargo la razón y la lógica me decían que esos deseos, me ocasionaban distracción y me alejaba del hábito del fin de semana que era la investigación en los libros.

Observaba la expresión de mis compañeras, eran espontáneas y divertidas, la mayoría hacían bromas, se reían a carcajadas, copiaban las tareas, les encantaban los chismes, jugaban en el curso, hacían travesuras, no atendían en clase, y aunque eran criticadas y sancionadas por los maestros, yo las veía que no se sentían culpables de romper las reglas del comportamiento en el aula escolar y las sentía felices. Cada día la lucha entre mi corazón y la razón eran más crueles en mi interior, el corazón sentía la necesidad de ser como ellas para ser aceptada y la razón me mostraba los límites de la sumisión y obediencia con el sistema educativo. Esta lucha interna me provocaba el aislamiento emocional, me sentía una "isla solitaria".

Crecía en mi corazón la frustración e impotencia de ser tan obediente con el sistema y sentía rabia conmigo misma por ser incapaz de romper una regla.

Tenía ganas de rebelarme, sentía deseos de contestarle al profesor cuando no estaba de acuerdo, estudiaba lo suficiente para saber de memoria las lecciones y me daba cuenta cuando el profesor se equivocaba al exponer la lección; sentía ganas de levantar la mano, corregirlo en público y hacerlo quedar mal delante de todo el curso, así como ellos hacían sentir mal a los alumnos cuando corregían con llamadas de atención, deseaba una profunda venganza contra el control y el poder de los profesores en el curso.

Tenía 12 años, un día se atrasó la maestra y comenzamos a jugar en el curso, me sentía feliz de ser tomada en cuenta en el juego grupal, entre todas comenzamos a tirar papeles de un lado a otro y hacer chistes, queríamos cortar el aburrimiento ocasionado por el atraso de la profesora.

Cuando llega la maestra todas se frenaron en jugar menos yo, ese día como pocas veces me fui a sentar atrás y no me di cuenta del ingreso de la educadora, me encontraba feliz a carcajadas arrancando las hojas de mi cuaderno y lanzando papeles en el aire.

La maestra entró y me encontró "in fraganti", es decir, en plena acción de rebeldía, fue una sorpresa para la maestra ver a la mejor alumna "portándose mal", pensé que me llamaría la atención como las demás, sin embargo fue más severa conmigo:

- Me llamó la atención.

- Me manifestó la desilusión que sentía de ver que me estaba dejando contagiar con la mala disciplina.

- Que era el ejemplo y no tenía derecho a cometer errores.

- Que todas las miradas estaban puestas en mi conducta.

Por tratarse de un colegio religioso el castigo fue enviarme a la capilla a rezar 20 padres nuestros y 20 ave marías, "para que recapacite, pida perdón a Dios por mi mal comportamiento y el cielo me perdone", de ahí para adelante **fueron tantas las veces que teníamos que rezar en el colegio religioso** que mi mente asoció oración con aburrimiento y con castigo, comencé a generar la semilla del rechazo a la religión.

No entendía por qué Dios me iba a castigar si me enseñaron desde niña que Dios, Jesús y la Virgen María eran puro "amor" ahora resulta que los tres estaban enojados conmigo y me iban a castigar si no hacía caso a las reglas del Colegio. **Mi mente y mi corazón no asociaban la fe con las reglas del Colegio.**

Tampoco entendía por qué los profesores de religión y los religiosos que usaban vestuarios típicos de su congregación se enojaban y renegaban en clase, se suponía que al enseñar religión ellos deberían ser ejemplo de amor, paciencia, comprensión y tolerancia, definitivamente no cuadraba en mi cabeza que **no existía relación entre lo que enseñaban en teoría y lo que manifestaban y expresaban en la realidad y en la práctica.**

"Desarrolla una pasión por aprender. Si lo haces, nunca dejarás de crecer". Anthony J. D'Angelo.

¿Cómo conciliar con el dolor de las creencias y del sentido destructivo de las palabras?

"Cuida tus palabras; que ellas no levanten un muro entre ti y los que contigo viven". Tales

Hoy me liberé de esta polaridad y dualidad extrema religiosa, considero que las diferencias entre seres humanos son complementos unos de otros, el avance y desarrollo del pensamiento humano está en la medida en que aceptemos, toleremos, nos complementemos y/o aprendamos de las diferencias de mentalidad de las personas que nos rodean, al final las creencias son programaciones mentales de la niñez y de la experiencia personal.

Cada uno de nosotros tenemos experiencias y aprendizajes diferentes que nos marcan la vida y nos llevan a seguir filosofías de vida y estilos de vida acordes con nuestras necesidades espirituales, emocionales y mentales.

Hoy veo las diferencias de mentalidad como un desafío en el aprendizaje de las relaciones humanas, la nueva tendencia es aprender a encontrar puntos en común con las demás personas y las creencias.

En la medida en que encontremos puntos en común con los demás lograremos más como sociedad para avanzar juntos, a eso le llamo "armonía en las relaciones humanas".

Cabalmente el origen de las guerras y conflictos en el mundo entero están originadas por querer imponer una forma de pensar o una forma de actuar a toda una nación, por querer controlar la vida de las demás personas, cuando entendí este razonamiento lógico decidí alejarme de los rituales religiosos y desprogramarme de la extrema conciencia de dualidad, miedo e intolerancia con los pensamientos diferentes.

Respeto las creencias de mi familia y de mi país y del mundo entero, sin embargo decido estudiar todas las creencias y encontrar el denominador común, la sustancia de cada una, aprender de cada creencia, de cada filosofía, observarlas como complemento y enriquecer mis pensamientos con la sustancia de cada una, encontrar el denominador común, obtener el aprendizaje que necesito y quedarme con mi propia receta espiritual para conectarme con mi SER.

Ahora entiendo que existe un solo Ser Superior, una sola Divinidad, un mismo Dios en todas las religiones con diferentes nombres y diferentes imágenes e interpretaciones, al final la esencia del amor es una sola, la palabra amor tiene un solo sentimiento y un solo significado que une a toda la humanidad, de la misma forma es el sentimiento de Dios.

Cuando abandonemos el cuerpo en este planeta como almas y corresponda evaluar la calidad del espíritu, no se tomará en cuenta cuantos libros religiosos tengo grabados en la memoria, cuantas frases o citas aprendí de memoria, cuantas personas recluté para mi grupo religioso, o cuantos rituales hice fielmente cada día, lo que cuenta en la espiritualidad es la COHERENCIA e INTEGRIDAD de las creencias que apliqué en mi vida.

Lo que verdaderamente cuenta es, si lo que siento, pienso, y hablo se refleja en cada actuación, si estos actos llenaron nuestros sentimientos de amor y felicidad y a la vez llenaron de amor y felicidad a los seres a nuestro alrededor, si estos actos llegan a ser considerados de trascendencia para la humanidad.

Es decir **que los actos inspiren a otras personas a encontrar su propia verdad para transformarse en mejores personas sin la necesidad de decirles lo que tienen que hacer,** al contrario, el solo ejemplo de vida sea suficiente para que las personas encuentren la luz personal y desarrollen la voluntad para hacer los cambios que necesitan para avanzar hacia la trascendencia como personas. Como diría el investigador y maestro espiritual español Emilio Carrillo "Ayudar sin Ayudar".

La meta espiritual es ser modelo de persona para trascender la humanidad, el ejemplo de vida tiene que ser lo suficientemente poderoso en valores de integridad y coherencia para llamar la atención de las personas y ellas decidan seguir los modelos de manera voluntaria con la única motivación de sentir "inspiración".

Si queremos compartir nuestras creencias y filosofías de vida la mejor manera es que se reflejen en nuestros actos y en la manera en que nos relacionamos con el entorno, con la naturaleza y todos los seres vivos del planeta.

El amor al prójimo incluye el respeto a las personas que nos rodean, el respeto a las personas incluye el respeto a las creencias y estilos de vida ajenos a la manera de pensar personal.

La evolución de la humanidad está basada en aprender a convivir con nuestras diferencias y complementarnos unos a otros para crecer en nuestro desarrollo personal, en la medida que acepte y respete el pensamiento de los demás me estoy respetando a mí mismo.

Reflexiono en esta etapa de mi vida, y me causa frustración haber invertido 13 años de mi vida escolar, en vivir en confusión entre los valores del SER y la programación religiosa, la mayor cantidad de miedo lo recibí a través de la materia de religión.

La frase "Dios te va a castigar" la escuche tantas veces que me programó para alejarme de trascender en el desarrollo de mi vida espiritual, lo que menos me interesaba en esa etapa era desarrollar mi espiritualidad.

Alejarme del desarrollo de mi vida espiritual me llevó a un camino de inestabilidad emocional que provocó un desorden en mis creencias, muchos años de mi vida estuve vagando por diferentes grupos religiosos y sectas holísticas y esotéricas, creándome un laberinto de ideas en mi cabeza que afectaron decisiones de mi vida por conflicto de valores.

Cuánto tiempo nos ahorramos si dejamos de involucrar la religión en la educación y la transformamos en materia de "Valores", es más efectivo programar a los niños con filosofías de fundamentos de valores, es mejor comunicar con términos neutrales como:

- Verdad.

- Responsabilidad.

- Solidaridad.

- Amor.

- Respeto.

- Compromiso.

- Coherencia.

- Integridad.

El lenguaje con términos neutrales en relación al desarrollo del SER, permiten desarrollar el criterio suficiente para que cada estudiante, al obtener la madurez emocional, pueda sentirse libre de elegir el camino espiritual que se identifique con su filosofía y estilo de vida y con los objetivos de crecimiento personal, evitando la manipulación y el control de las creencias de parte del sistema.

Es mejor encaminar a la nueva generación a un camino de espiritualidad a través del desarrollo del SER y de los valores universales de coherencia e integridad, esta tendencia lleva a encontrar la sustancia en cada experiencia sin identificarse con caminos de exclusividad religiosa.

Programar a los niños en una materia religiosa es manipular sus creencias, es privarles de la libertad de experimentar el autoconocimiento para que encuentren su propia verdad y su camino espiritual, programarlos en un camino religioso es sembrar la intolerancia, el individualismo y el miedo que separa a los seres humanos.

En un mundo de libertad de creencias con guerras originadas por la intolerancia de la religión, es urgente desprogramarnos del sectarismo religioso.

La manera de acabar con el molde de pensamiento divisionista y el sentido destructivo del uso de las palabras, es sembrando una nueva generación llena de valores comunes que logren ver con neutralidad las cualidades en cada filosofía de vida, esto lleva a la tolerancia en la convivencia con personas que piensan de diferente forma, así aprendemos a convivir en paz en plena diversidad, a través de una comunidad integrada con sus diferencias.

"La primera tarea de la educación es agitar la vida, pero dejarla libre para que se desarrolle".
María Montessori.

Capítulo siete

La cruda conciencia del resentimiento y la discriminación social y económica

"Educar en la igualdad y el respeto es educar contra la violencia".
Benjamín Franklin

"Donde hay buena educación no hay distinción de clases".
Confucio.

La materia de "valores y relaciones humanas" no existía en el colegio, tampoco la materia "filosofía de vida", menos "edificar con las palabras" o "amor al prójimo", la materia "educación emocional" era la más urgente y la especialización en "humildad", "amor propio" y "autovaloración" aún más.

Los maestros decían que nos trataban a todas por igual sin embargo en la realidad era que tenían más paciencia, consideración y mejor actitud con las alumnas que tenían más influencia social, con las más bonitas, con las hijas de personalidades como políticos y empresarios, **los actos y las actitudes de la mayoría de los maestros delataban que ellos promovían las diferencias en el trato por escala de intereses económicos, raciales y sociales.**

Los alumnos poníamos en prácticas en las aulas escolares el reflejo del carácter, sentimientos y valores de nuestros padres, de nuestras familias, de la televisión, de la sociedad, y **todos los modelos impuestos venían mezclados, programados y diseñados por el mismo sistema educativo.**

Prácticamente en el colegio **no existía un filtro y orientación en valores**, la comunicación se aprendía en el recreo intercambiando chismes e historias.

Siendo que estábamos en colegios religiosos y la materia "Religión" era parte oficial del pensum de materias del sistema educativo del país, el enfoque estaba lejos de ser "integral", en realidad la concentración era la programación y aprendizaje de memoria en rezos, mandamientos, historia de los líderes religiosos, **hablaban de valores con la misma energía como enseñar matemáticas, no existía pasión en las educadoras, monjas, religiosos y maestros, solo se sentía que estaban en la "obligación de enseñar y ocuparse que aprendamos la lección"**, era normal que aprendamos toda la teoría y descuidemos la práctica, cuando los maestros hablaban **no había conexión entre las palabras y el corazón**, no existía coherencia.

Año 1986. 11 años. Abanderada en el desfile escolar. **"La educación no es llenar un cubo, sino encender un fuego".** *William Butler Yeats.*

La falta de filtro en valores y relaciones humanas y la falta de educación en el arte del uso de las palabras, generaba circunstancias donde era común escuchar entre las compañeras cómo propagamos por todo el Colegio los chismes de la vida ajena. **Era normal hablar de novelas y programas de televisión, copiábamos el hábito de hablar de la vida privada ajena a espaldas de las compañeras, y destruir la reputación ajena de diferentes maneras,** entre las frases más comunes del vocabulario de las niñas y adolescentes se escuchaba:

- "No te juntes con ella".

- "Esa es una fea".

- "Esa es una gorda".

- "Esta no me cae".

- "Esa es una copiona".

- "Esa es una chismosa".

- "Esa es una peleona".

- "Esa es una mentirosa".

- "Esa es una floja".

- "Esa es una coqueta".

- "Esa tiene muchos novios".

- "Esa es una loca".

- "Esa es una mala".

- "Esa es una yesca (no tiene plata por no decir es pobre).

- "Esa huele mal".

- "Esa tiene piojos".

- "Esa tiene mal aliento".

- "Esa es una envidiosa".

- "Esa es una llorona".

- "Los papás de ella están en cosas turbias".

- "No te juntes con esa odiosa".

- "Cuídate de ella es una habladora", etc. etc. etc.

Todos los días nos contaminábamos la cabeza hablando mal para las compañeras, **aprendimos a criticar, a ver solo lo negativo, a destruir con la palabra la dignidad de las personas,** tenía que haber un chisme en la conversación para que sea interesante confraternizar.

Las charlas en el recreo era intercambiar comentarios de la vida de los demás, nos quejábamos de los maestros, de los padres, de las familias, de las compañeras, del colegio, nos quejábamos de todo lo que se nos ocurría, había competencia quién sabía más cosas malas de los demás, así que era común buscar exagerar el drama al contarlas historias e inventarnos mentiras de los dramas solo por llamar la atención en el intercambio de chismes en el recreo.

Otro tema común en las conversaciones en el recreo eran las historias, dramas y tragedias de las novelas de televisión que veíamos con las mamás, contando los dramas de destrucción de hogares, seducciones, infidelidades, asesinatos, tragedias, dramas, negocios ilícitos y deshonestidades de los protagonistas de la televisión, si alguna contaba las escenas de sexo eran considerada "la pornográfica" o "la atrevida" sin embargo era la que más oyentes tenía.

Los lunes era común comentar cómo se había disfrutado el fin de semana. Por la condición de hija de militar y mis buenas calificaciones siempre teníamos las puertas abiertas junto a mi hermana en los mejores colegios privados religiosos de la época los años 80, esa situación me permitía estar rodeada de niñas y adolescentes con mejor estilo de vida y condiciones económicas superiores a las que teníamos en mi familia, hijas de empresarios, comerciantes exitosos, políticos, en fin, mis padres eran empleados del estado, mi papá de profesión militar y mi mamá ya era maestra de Colegios, <u>si algo aprendí con dolor en el Colegio fue la "Extrema Conciencia de las Diferencias Sociales y Económicas"</u>.

Mientras las compañeras con mejor estilo de vida disfrutaban el placer de comentar el paseo de los fines de semanas en hoteles y restaurantes de lujo en la ciudad, quienes no teníamos el status social alto de inversión económica en diversión, nos limitábamos a escuchar en silencio; sin ganas de comentar que el fin de semana la pasamos en casa comiendo la comida sabrosa de mamá y nuestras salidas eran pasear por la plaza, visitar la iglesia, o visitar a los tíos o a la abuela, esas eran las distracciones de la mayoría de la población que no teníamos un estándar de vida económicamente alto.

Sin embargo por la **baja autoestima** en que nos encontrábamos con mi hermana por sentir el peso de las "diferencias económicas" no podía sentirme orgullosa de la vida austera y sencilla que vivía, ya estaba con la programación de escasez en mi mente, **persiguiendo modelos de estilo de vida impuestos por el consumismo de la sociedad, sentía insatisfacción y rechazo por mi condición económica, deseaba vivir el estilo de vida que mis compañeras adineradas vivían mostrando con orgullo y vanidad.**

Me molestaba ver y escuchar la vanidad, la falta de humildad y la petulancia que las alumnas de mayor status económico se jactaban de los logros y estilos de vida que disfrutaban con sus familias, **me sentía mal cuando llegaba al Colegio y lo primero que hacían las compañeras era mirarte de pies a cabeza, sentía que le ponían valor a todo el vestuario que llevaba puesto,** una vez una compañera me dijo "tu ropa es barata del mercado" "no usas ropa de marca".

Otra compañera me dijo "no te queda esa ropa, te ves fea", esas frases quedaron grabadas con un martillo en mi cabeza, me sentí invadida en mi personalidad, nunca sabía cómo responder, simplemente me quedaba en silencio, muda y mirando con frustración a la compañera, no entendía por qué era tan cruel con sus comentarios, no encontraba la necesidad de la crítica por la forma de vestir, sentía injusticia en la distribución del dinero, las que más dinero tenían se sentían superiores y maltrataban psicológicamente a las que no teníamos el mismo nivel económico, y las que no teníamos el status al contrario éramos incapaces de contradecir los malos comentarios, nos quejábamos en silencio, teníamos miedo ser aisladas de los grupos por quejarnos, éramos cobardes.

Sin darnos cuenta estábamos sembrando y fortaleciendo en las relaciones humanas dentro de las aulas escolares las raíces de las diferencias económicas y sociales que en la adultez nos llevarían al resentimiento social.

Cuanta falta nos hacia una orientación en el desarrollo de la personalidad y en la educación de nuestras emociones durante la pubertad y adolescencia, las pocas veces que éramos valientes en quejarnos al maestro por las críticas y burlas de las compañeras siempre era la misma respuesta del profesor: "no hagas caso son tonterías", y punto.

No existía una materia que nos hable de la Riqueza y del origen y distribución del Dinero, la mayoría éramos hijas de empleados o profesionales auto empleados, por tanto al no tener educación empresarial era normal sentir la diferencia y distancia del estilo de vida con las hijas de las familias de empresarios, **no entendíamos porqué existía esa diferencia en la distribución del dinero, llegamos a pensar que era injusticia del destino que a unas les toque abundancia y a otras les toque escasez.**

Si no tenía nada nuevo que estrenar era una más del montón, solo las que estrenaban cosas nuevas llamaban la atención en el aula escolar. En mis épocas se sentía **el poder del dinero a través del consumismo en los colegios, se fomentaba el "materialismo".**

Estaban de moda las marcas en ropas y zapatos, quien lograba vestir con todas las marcas era admirada, quienes no lográbamos vestir las marcas éramos las relegadas.

Esta situación desarrolló en mi mente la creencia que **"las personas valemos más por la posesión y tenencia de cosas materiales"**.

Como mis padres no podían comprarme todo lo que veía y quería, en consecuencia llegué a odiar las marcas caras, me causaba frustración no lograr tener las cosas que tenían mis compañeras adineradas, **no me gustaba recibir críticas por mi forma de vestir, hablar, o actuar, la envidia llegó a mi vida como un golpe en la adolescencia.**

Por más que quería programarme en evitar sentirla no podía evitar corromper mis sentimientos deseando lo que otras personas tenían, sentía rabia no poder acceder a comprarme todo lo que deseaba y quería tener.

Sin darme cuenta estaba desarrollando las raíces de la mentalidad de pobreza y escasez al enfocar mi atención en lo que no tenía o en lo que me hacía falta.

Para evitar los sentimientos de envidia, rabia y resentimiento por no acceder a tener cosas materiales de mayor valor, me programé con el pensamiento que mi papá siempre repetía ante la frustración:

- **"El dinero no es importante"**.

- **"Hay cosas más importantes que el dinero como la felicidad y la unidad de la familia"**.

- Mi mamá siempre me recordaba con orgullo "eres la mejor alumna del curso".

- **"Nadie tiene las buenas notas y buenas calificaciones que tú tienes, debes sentirte orgullosa de eso"**.

Estas afirmaciones me daban el reconocimiento personal que necesitaba y me alimentaba las ganas de seguir estudiando y ser siempre la mejor del curso, **mis calificaciones altas eran el escudo al cual me aferraba ante el bombardeo a mi autoestima por las limitaciones con el dinero.**

Sacar buenas calificaciones y ser la mejor alumna se convirtió en cuestión de honor y dignidad para mí. Los maestros eran indiferentes al desarrollo personal y educación emocional de las alumnas, las alumnas no sabíamos manejar las situaciones de diferencias sociales y económicas.

Mis compañeras que tenían mejor apariencia física o "las más bonitas" se hacían la burla de las que no tenían buena apariencia, les decían "feas" y las excluían de sus grupos en el recreo, las "camarillas" eran de lo más normal, si no formábamos parte de una camarilla, estábamos condenadas a vagar solas en el recreo.

Siempre me pregunté cómo era posible que niñas tan bonitas sean tan crueles al discriminar con su actitud y palabras a las que eran diferentes, por qué no podíamos compartir todas juntas en armonía y cordialidad.

La misma situación pasaba entre las que tenían más dinero con las que no teníamos tanto, las adineradas vivían mostrando todo lo nuevo que se compraban, anunciando el precio de cada cosa, eran las que más hablaban de las pertenencias y logros de sus padres, la vanidad y la petulancia eran notorias en sus expresiones, se sentía frustración e impotencia al escucharlas.

Sin darme cuenta ya estaba con la cabeza llena de **"perjuicios sociales y paradigmas mentales de rabia, frustración y miedo"**, ya tenía modelos de pensamientos negativos que estaban programados en mi mente y que condicionaban todas mis reacciones y mis actos. Me sentía impotente y miserable de no poder cambiar la realidad, la frustración crecía y crecía.

"Así como nacen en los campos semillas de trigo, lino, arroz o zarzas, así también los niños, semillas humanas, vienen a la luz con naturalezas distintas, las que mediante la educación y el amor, se podrán exaltar al máximo, pero no efectuar milagros convirtiendo en trigo a las zarzas o viceversa; transmutaciones tales se suceden a través de tiempos enormes y no en los escasos cuarenta o setenta años de una vida física". Jorge Ángel Livraga.

Año 1989. 15 años. Primer escolta en el desfile cívico escolar.
"Largo es el camino de la enseñanza por medio de teorías; breve es por medio de ejemplos". *Séneca.*

La autovaloración y el desarrollo del amor propio son importantes como materia en el desarrollo de la personalidad, lastimosamente **la falta de orientación en el Colegio en la formación de la personalidad genera abismos en las relaciones humanas de los alumnos,** si trabajamos el pensamiento que las "diferencias entre unos y otros son para complementarnos y enriquecernos como personas" nos permite fomentar la tolerancia y la comprensión entre las habilidades y deficiencias entre compañeros.

La falta de esta orientación ocasionó en el curso la actitud de ver las diferencias entre unas y otras como "abismos" que nos separaban en grupos, no teníamos tolerancia ni paciencia con las alumnas que tenían deficiencias, con nuestra actitud despectiva o de indiferencia fomentábamos la baja autoestima de las estudiantes más lentas o con menos habilidades.

Nos comparábamos entre compañeras, en los colegios privados y religiosos de estándares económicos altos se sentía el abismo entre las niñas con estilo de vida superior y entre las que eran de estratos económicos inferiores. Las diferencias eran notorias entre ambos estratos económicos, en nuestra mentalidad materialista si no vestíamos y no gastábamos el dinero como el estándar económico alto se nos bajaba el autoestima, **nos causaba impotencia ver el valor y la preferencia que recibían de parte de los maestros y de la sociedad las niñas mejor vestidas y con mejor apariencia, quienes no estábamos en esa frecuencia deseábamos recibir la misma atención. Aprendí que existían diferencias económicas y alimenté la creencia que el dinero era malo y creaba distancia en las relaciones humanas,** quienes estrenaban cosas nuevas se juntaban entre ellas y excluían con discriminación a quienes no estaban en el mismo círculo social.

Aunque en el curso todas nos relacionábamos por las tareas, las camarillas y las exclusividades se hacían notorias en determinados casos:

- Cuando llegaba el momento de armar grupos al salir del curso al recreo.

- En las invitaciones de cumpleaños.

- En las salidas los fines de semana.

En estas actividades se sentía la selección y el filtro por rangos económicos, las camarillas eran notorias.

Aprendí a contaminar mis emociones con:

- Sentimientos de frustración y envidia por las cosas que no tenía y a las que no podía acceder.

- Desarrollé sentimientos de inferioridad.

- Desarrollé sentimientos de baja autoestima.

- Conciencia de diferencias económicas.

- Sentimientos de impotencia por las críticas regionalistas.

- Frustración por falta de dinero.

- Mentalidad de escasez.

No tenía ganas de salir de mi casa, no tenía vida social activa, tampoco mis padres me dejaban salir sola con mis amigas, mi papá consideraba que no estábamos listas para salir solas, las pocas veces que me invitaban a fiestas mi papá me negaba el permiso, como no asistía entonces casi no me invitaban.

Mi desahogo eran los libros y mis buenas calificaciones en el Colegio, al desfilar me tocaba agarrar la Bandera o el Estandarte, era un orgullo para mi familia, era el único momento en que sentía un grandioso reconocimiento.

Representar al curso como la mejor alumna me llenaba de satisfacción, una vez terminaban los desfiles al final me esperaban solo mi hermana y mis padres, mientras todas las compañeras se congregaban para ir a pasear y divertirse entre ellos, yo me retiraba a mi casa a buscar un libro para leer o una hoja para pintar.

"Nadie te puede hacerte sentir inferior sin tu consentimiento". Eleanor Roosevelt.

¿Cómo conciliar con el resentimiento y la discriminación social y económica?

"Nadie nace odiando a otra persona por el color de su piel, su origen o su religión". Nelson Mandela.

El desarrollo principal del autoestima y la autovaloración personal es clave para el blindaje con las emociones del resentimiento. El resentimiento prolongado lleva a abrir las puertas del corazón al odio, la agresividad y la rebeldía, los venenos del alma que transforman la sensibilidad en indiferencia y conducen a relaciones humanas destructivas. En este sentido es imprescindible incluir en el desarrollo de la formación del ser humano:

- La conciencia de integración.

- Aprender a ver las diferencias con las personas que nos rodean como complementos o aprendizajes.

- Desarrollo del autoestima, autovaloración y amor propio.

- Práctica de ejercicios y deportes al aire libre para descargar la energía de las emociones negativas acumuladas en silencio,

- Aprender la materia de "RELACIONES HUMANAS",

- Conocer los sentimientos profundos que dirigen nuestra personalidad.

Al existir visión de integración y conciencia de autovaloración la personalidad es más estable emocionalmente para reaccionar de manera inteligente ante las expresiones verbales negativas.

"He decidido seguir con el amor. El odio es una carga demasiado pesada de soportar". Martin Luther King, Jr.

Capítulo ocho

La presión que ejerce el sistema educativo en la sobre exigencia con uno mismo, en la falta de flexibilidad, búsqueda de la excelencia y de la perfección

"¿Cómo es que, siendo tan inteligentes los niños, son tan estúpidos la mayor parte de los hombres?
Debe ser fruto de la educación".
Alejandro Dumas.

"El maestro que intenta enseñar sin inspirar en el alumno el deseo de aprender está tratando de forjar un hierro frío".
Horace Mann.

Desarrollaba talento desde niña para la pintura, dibujo en lápiz y témperas, baile y danzas, tocaba instrumentos musicales como la flauta dulce y guitarra, me encantaba el teatro, recitaba y exclamaba poesías, participaba de todos los Festivales de música, teatro y poesía en cada Colegio que me tocaba asistir, me ofrecía voluntariamente para participar en los actos cívicos, me encantaba participar de todas las danzas, amaba el arte, la oratoria y la expresión corporal con pasión.

Estas habilidades solo me servían para sacar buenas notas en las materias de Educación Física, Lenguaje, Artes Plásticas y Música. El sistema educativo no diferenciaba los talentos para desarrollar las habilidades del cerebro creativo en los alumnos, en mi caso era una niña que buscaba seguir instrucciones, mi alma pedía a gritos un mentor para el arte y las letras, ante el desaliento y las críticas en el desarrollo de estas habilidades blandas comencé a perder confianza en mí misma y desmotivarme, el enfoque en las aulas escolares me impedía desarrollar de manera autónoma estas habilidades.

El genio brillante que había en mi interior se fue apagando con el tiempo por falta de hábitos de confianza en dejar fluir la creatividad, durante toda la época del Colegio jamás recibí formación profesional que me lleve a fortalecer estas habilidades, ahora me pregunto: ¿cuantos genios brillantes día a día son sumergidos en el silencio en las aulas escolares?

Tenía 14 años cuando participé como la única adolescente en un Encuentro Libre de las Artes organizado por la Honorable Alcaldía de la ciudad de Oruro, desfilé con mis poesías entre poetas y escritores adultos nacionales y extranjeros, una experiencia inolvidable gracias a las gestiones de mi papá que estaba orgulloso por los poemas que me veía escribir, mi papá era el admirador número uno de mis poesías;

él personalmente con entusiasmo tocaba todas las puertas necesarias para que me permitan participar de encuentros artísticos representando a mi ciudad. Declamé mis poesías ante el selecto auditorio y fui aplaudida como un fenómeno por mi corta edad, me sentí fascinada con el reconocimiento a mi obra literaria, fue la única vez durante mi adolescencia en que me dí a conocer como escritora y autora.

Año 1989 – 14 años. Certificado de Participación de encuentro de Artes y Poetas, organizado por la Honorable Alcaldía Municipal de Oruro. Única participante poeta menor de edad con 14 años.
"La educación no es sustituta de la inteligencia". *Frank Herbert.*

Me sentía en un mundo de gigantes de la poesía, me fascinaba estar rodeada de grandes artistas de las letras nacionales reunidos en un solo ambiente, a pesar de mis 14 años era consciente de la importancia de las personas que me rodeaban, hablaban de temas culturales y universales, era fascinada escuchando las conversaciones, quería participar y no sabía cómo, para ellos era un "niña fenómeno", mi papá era feliz intercambiando ideas, yo observaba y escuchaba, soñando algún día ser la protagonista de mis obras literarias publicadas.

Muchas veces expresaba en voz alta con mis maestros acerca de mis sueños, cuando me preguntaban qué quería hacer cuando sea grande les decía que me gustaría ser bailarina, pintora, actriz de teatro, poeta, escritora, inclusive científica e investigadora, recuerdo que se reían a carcajadas y me decían **"¿Todo eso quieres ser? Es imposible ser buena en tantas cosas, tienes que escoger una sola habilidad, desarrollar un solo talento y hacerlo bien"**, lo decían de una manera tan determinante que me provocaba dudas en relación a la fe que sentía en mis habilidades.

Me sentía ridícula y avergonzada cuando se reían de mis sueños, ante la falta de fortaleza y educación emocional, comencé a perder autovaloración y sentir arrepentimiento cuando compartía en público lo que sentía y lo que pensaba, las burlas que recibía en respuesta me enseñaron a callar mis sentimientos y mis creencias, comencé a perder el amor propio, la confianza y la seguridad en mí misma, comencé a callar mis sueños para blindar mi corazón ante la burla y el rechazo.

Hoy reflexiono y me hago la pregunta: ¿que pasaría si desde el jardín de infantes se realiza la orientación vocacional de los niños en las artes, las letras, la música, la expresión corporal y el manejo de emociones?

*Año 1981. 7 años. Integrante de la Academia Nacional de Danza del Instituto Boliviano de Cultura.
Año 1988 – 14 años. Integrante del grupo de música del colegio.*

"El analfabeto del futuro no será la persona que no pueda leer, sino la persona que no sepa cómo aprender".
Alvin Toffler.

Hoy tenemos en el mundo entero expertos en neuroeducación y orientación vocacional, científicos estudiosos de la mente y la conducta humana, si los coach educativos intervienen en el desarrollo de los talentos y las habilidades de los niños durante la educación en la infancia y la adolescencia, estaríamos sembrando una nueva generación llena de sensibilidad en el desarrollo de la humanidad, con la visión clara en aportar con sus talentos y dones en la evolución de la sociedad.

La gran cantidad de los estudiantes al salir del Colegio tenemos más confusión que claridad al momento de elegir nuestro camino, no tenemos idea por donde comenzar, 17 a 20 años de estudio para no saber qué estudiar, la gran mayoría para elegir carreras por obligación o conveniencia dejando de lado las verdaderas pasiones que nos mueven a vivir.

Cuando expresaba que soñaba con dedicarme al arte y a la investigación, los maestros y compañeras de las tres regiones donde estudiaba me observaban que nunca ganaría dinero con esas habilidades.

Era un pensamiento general y aceptado en mi generación, que las habilidades artísticas en mi país no eran fuente de prosperidad, que únicamente las carreras universitarias con título en provisión nacional eran las que aseguraban una fuente de empleo para generar ingresos.

Todas las opiniones, consejos, recomendaciones y sugerencias que recibía me direccionaban que tenía que ingresar a la universidad y elegir una carrera convencional de las que estaban disponibles en mi ciudad.

Cuando hablaba con los maestros que soñaba con inventar un microscopio que pueda ver el átomo y descubrir otros mundos o planos dimensionales, me decían que estaba desvariando de tanto leer, que descanse, que hable con mis papás, que me lleven al médico, que era falta de descanso, que no tenía idea de lo que quería, que me dedique a jugar con las muñecas, **con el tiempo aprendí a guardar mis sueños en el silencio y evitar tocar el tema, llegué a creer todo lo que me decían, quizás estaba mal de la cabeza y mis ideas desvariaban, quizás tenía un problema mental al pensar que podía lograr todo lo que soñaba, estos pensamientos negativos repetitivos tomaron fuerza en el transcurso de mi vida y aquietaron mi cerebro creativo.**

Nos repetían una y otra vez en las clases escolares que para ingresar en la Universidad teníamos que sacar las mejores calificaciones, si no se lograba el título profesional, no existiríamos como individuos de éxito en la sociedad, que **ser mejor alumno nos liberaba de ser fracasados.** Esas sentencias se implantaban en la mente de los estudiantes todas las semanas en cada conversación con los maestros.

Año 1988. 13 años. Integrante del grupo de danzas y de música del colegio. **"Cada vez que las facultades de los hombres están en su plenitud, deben expresarse con arte".** John Ruskin.

Me asustaba la idea de "ser fracasada", tenía que ser "alguien" en la vida. De esta manera decidí "adoptar" el plan de estudio del pensum de materias del sistema educativo tradicional con la promesa de una mejor vida al salir del Colegio.

Año 1990. 16 años. Integrante del grupo de Teatro del Colegio. **" El arte es la expresión de los más profundos sentimientos..."** Albert Einstein.

Las aspiraciones con el desarrollo del arte quedaron en el baúl de los recuerdos, la confusión generada en relación a la orientación vocacional, la falta de claridad de metas personales, el abandono del desarrollo de las habilidades y talentos personales, generaron sentimientos de frustración profunda que se improntaron en el área emocional. Esta frustración generó una permanente insatisfacción y aburrimiento en la mayoría de los emprendimientos efectuados en el transcurso de mi vida, en razón a que no estaba desarrollando los dones y talentos que llevaba en mi SER.

Estudiaba hasta el cansancio, repasaba todas las materias antes de ir a clases, siempre con el objetivo de tener fresca la memoria llena de conocimiento y estar lista en el curso para levantar la mano y responder las preguntas de los maestros.

Los maestros me contestaban:

- "Tú, ya no respondas".

- "Siempre participas".

- "Dejemos lugar a otra alumna que participe".

Me llenaba de satisfacción sentir el reconocimiento delante de todo el curso, **ya tenía un "ego" desarrollado por el reconocimiento que recibía de los maestros por las buenas calificaciones,** me sentía especial por ser estudiosa, cuando tocaba dar los exámenes disfrutaba ver como mis compañeras se daban modos para sentarse cerca mío con la esperanza de que las deje copiar mi hoja de exámen.

Como era la niña que la mayoría de las veces la mencionaban como "ejemplo", era de esperar que me negaba a permitir copiar a mis compañeras de mi examen. Cuando me pinchaban la espalda con el lápiz insistiendo que les pase la respuesta, levantaba la mano y denunciaba a mi compañera que quería copiar:

- "Profesora me está pinchando la espalda con lápiz, no me deja avanzar en mi examen".

Estas palabras eran como un martirio cruel para todo el curso. Hoy me doy cuenta que era víctima del "ego" y el individualismo fomentado por el sistema educativo. Cuánto pesar sentí cuando tomé conciencia de ese acto, aún recuerdo la sensación de pánico de mi compañera descubierta por la denuncia, que me miraba con ojos de desilusión e impotencia.

Colegio "Esclavas del Sagrado Corazón de Jesús"

Confiere el presente

DIPLOMA DE HONOR

A Sofía Zenteno- 3er Lugar Mejor Actriz en papel Secundario

En mérito a su participación en el

Festival de Teatro

Cochabamba 20 de 10 de 1988

Año 1988. 13 años. Diploma de Honor 3er. Lugar en Festival de Teatro como Mejor Actriz en papel secundario
"El arte no es una cosa, sino un camino".
Elbert Hubbard.

Esta actitud me hizo ganar la fama de ser "odiosa y mala por no dejar copiar" y en consecuencia recibía actitudes de rechazo en la clase, sin embargo mi consuelo era que con ese acto me ganaba la confianza de los maestros, **me interesaba la "aprobación de los maestros", sin importar si desilusionaba a mis compañeras.**

En cada examen terminaba de primera, me encantaba levantarme con satisfacción a entregar el examen antes que los demás, sentía placer en sentirme superior sobre mis compañeras, cuando los maestros salían de clase me dejaban a cargo del curso para que les informe quiénes eran los que se portaban mal o los que copiaban, prácticamente aprendí a ser "chismosa" y dejarme utilizar para controlar la conducta en el curso.

Cuando se armaban grupos para hacer tareas y trabajos prácticos, gozaba en sentir cómo me invitaban de todos los grupos y camarillas del curso a formar parte, sabía que era por conveniencia, no me importaba recibir invitaciones cordiales de las mismas compañeras con las cuales me sentía discriminada y criticada.

Año 1990. 16 años. Diploma 1er. Lugar en Dirección Teatral y 2do. Lugar como Mejor Actriz en Festival de Teatro.
"El arte es sobre todo un estado del alma". *Marc Chagall.*

Era gracioso experimentar que al momento de hacer las tareas cambiaban de opinión y resulta que era "buena amiga" y "ya no les importaba el malestar que ocasionaba con mi actitud de extrema obediencia con los maestros", **me divertía ver como cambiaban tan fácil de opinión solo por conveniencia, aun así no me importaba, me sentía reivindicada en mi autoestima, ya había aprendido lo que era ser "oportunista".**

"La instrucción, el conocimiento sin alma, es como las alas de los pavos, sirven tan solo para tirar tierra a los ojos". Jorge Angel Livraga.

Año 1990 – 16 años.- Abanderada en el Desfile Cívico escolar
Año 1991 – 17 años. Abanderada en el Desfile Cívico escolar.
"A menudo damos a los niños respuestas que recordar en lugar de problemas a resolver". Roger Lewin.

Era de conocimiento del curso que me encantaba hacer el mejor trabajo práctico y la mayoría de las veces lo hacía sola, era perfeccionista, sentía que todo saldría perfecto si únicamente lo elaboraba yo, no confiaba en los demás, no sabía trabajar en equipo, **tenía la mentalidad "que para** que todo salga bien tenía que hacerlo yo misma", un individualismo y egoísmo marcado en esta etapa de mi vida que lo arrastraría hasta la adultez y que me llevaron en reiteradas oportunidades al fracaso en el desarrollo de mis emprendimientos.

Año 1990. 16 años. Abanderada en el Desfile Cívico escolar. **"Educación es lo que queda después de olvidar lo que se ha aprendido en la escuela".** Albert Einstein.

La memoria emocional la tenía afectada por el resentimiento provocado por la discriminación social y económica, para evitar el dolor de estos sentimientos oscuros me aferraba a mis habilidades de conocimiento y mejor alumna para sentir que tenía el control y el poder.

Creía firmemente en la frase "el éxito es la mejor venganza", **saboreaba el éxito con cada diploma que recibía,** ver mi nombre en el cuadro de honor del curso o recibir reconocimiento en público en el curso de parte de los maestros me llenaba de satisfacción, sobre todo cuando me ponían de ejemplo o me dejaban a cargo del curso, gozaba con placer esos momentos. **Era en esos momentos donde sentía reivindicación y me sentía compensada ante los daños que recibía a mi personalidad por la discriminación que se vivía en las relaciones humanas en las aulas escolares, sin darme cuenta ya actuaba como una "resentida social" y ya sentía profundos deseos de venganza y reivindicación.**

Al cumplir los 14 años ingresamos al nivel Secundaria, en esta etapa de aprendizaje nos llega el momento de viajar, salimos del extremo oriental de los llanos tropicales, hasta llegar al extremo occidental y al Sur del País.

Despiertan los instintos del desenfreno y la rebeldía de la adolescencia, la época en que la tristeza y la soledad acumulada durante la etapa primaria del Colegio se transforman en depresión en el nivel Secundario. Cuanta falta hace en esta etapa de la vida una orientación emocional en el Colegio para entender los cambios de mentalidad en la adolescencia que afectan el estado de ánimo y el carácter. Cuanta ayuda y orientación se necesita en la educación para entender el arte de las relaciones humanas y evitar el dolor de la frustración y el rechazo sentimental en la vida emocional.

En este ciclo de la vida se siente la presión de definir la personalidad y de tomar decisiones para definir el futuro, ya se escuchan las preguntas más comunes:

- **.¿Qué vas a estudiar cuando salgas bachiller?**

- **¿Sabes a qué Universidad vas a asistir?**

A la vez la influencia social desarrolla nuevas prioridades en el interés de los adolescentes:

- Tener un enamorado, pretendiente o pareja en esta etapa era normal, algunos con consentimiento de los padres, otros a escondidas de los padres,

- Es prioridad salir a pasear con las amigas y amigos.

- Aprendemos a mentir para salir de la casa cuando los padres no quieren dar permiso.

- Ya sentimos deseos de maquillarnos los ojos y la boca, sentirnos necesidad de resaltar la belleza copiando moldes y estereotipos de feminidad impuestos por el sistema,

- Llegan las invitaciones para las fiestas de 15 años.

Año 1990. 16 años. Abanderada en el desfile cívico escolar ciudad de Oruro.
"Suspendí mi educación cuando tuve que ir al colegio".
George Bernard Shaw.

Admiraba a las mujeres rubias, blancas y de ojos verdes o azules, las veía dulces como ángeles, apreciaba la belleza, me hacían recuerdo a las obras de arte de los pintores más relevantes que veía en los libros de historia. Mis padres eran conservadores y tenían la creencia que no podíamos maquillarnos hasta salir bachilleres, yo quería maquillarme a los 14 años al ver a mis compañeras que ya estaban viviendo esta experiencia.

Ante la imposibilidad de maquillarme en mi casa, aproveché en el recreo del Colegio prestarme el lápiz labial de una compañera para utilizarlo y ver cómo me quedaba, me pinté los labios y me gustó mucho, disfruté ver mi rostro con maquillaje y sin darme cuenta por la emoción llegué a mi casa con la boca pintada, mi papa se enojó mucho, las típicas palabras "¡pareces una loca!", para evitar las llamadas de atención dejé de maquillarme el rostro, me resignaba en observar a mis compañeras cómo desfilaban con hermosos colores en sus ojos y en sus labios, las admiraba mucho, honestamente las envidiaba, me moría por pintarme toda la cara, ahora me suena gracioso recordar esa etapa de mi vida, sin embargo era lo que sentía, en ese momento mi mente buscaba expansión y nuevas experiencias para salir del molde de la rutina y lo convencional, y obviamente el maquillaje era algo innovador para una adolescente que nunca lo había usado hasta ese momento, en ese instante mi vida era un drama, por no poder seguir las tendencias de estilo de vida de las adolescentes de mi edad , era la única en mi curso que no usaba ningún brillo en la boca y que no estaba presente en las actividades y experiencias de moda, suena absurdo pero esos eran mis sentimientos y mis valores de adolescente.

Los amigos pretendientes esperaban a la salida del Colegio, las religiosas y los maestros nos aconsejaban que no se podía tener ningún tipo de relación con los muchachos hasta llegar a la Universidad, nos vendían todos los días el sueño de la Universidad, que teníamos que ser profesionales y sacar el titulo antes de tener una relación amorosa, de hecho también nos hablaban del matrimonio, aclaraban que la vida y realización de una mujer era en formar un hogar con un hombre y tener hijos.

Todas las láminas del curso siempre representaba una familia, **recibíamos programación de la maternidad como parte de los objetivos de la mujer, desarrollamos en el Colegio la creencia que para ser felices teníamos que casarnos, tener hijos y ser buenas madres, jamás nos hablaron que el ser madre era una elección voluntaria, y no era obligación.**

Nadie nos dio la opción de ser una mujer soltera para toda la vida, tampoco nos hablaban de viajar por el mundo persiguiendo los sueños, ese pensamiento era inaceptable para las adolescentes de mi generación.

Cuando escuchábamos la historia de alguna mujer divorciada o soltera, era descrita como digna de compasión o como un fracaso de la mujer, el mensaje influenciaba que para ser feliz el requisito era tener un esposo e hijos.

¿Cómo conciliar con el dolor de la sobre exigencia con uno mismo, la búsqueda de la excelencia y de la perfección?

"Dime y lo olvido, enséñame y lo recuerdo, involúcrame y lo aprendo". Benjamín Franklin

El ser humano llega a este mundo con el diseño natural de habilidades y talentos en los genes, quien llega a descubrirlos encuentra el propósito de vida, la motivación y la felicidad en lo que hace. Quien no llega a descubrirlo, se llena de infelicidad e insatisfacción y vivirá luchando con la falta de voluntad en los emprendimientos.

En este sentido cuando el ser humano tiene claro el don y las habilidades que guarda en su corazón, le nace de manera natural la visión que su vida desarrollará en torno al crecimiento de estos dones y habilidades, por tanto se neutraliza la necesidad de sobreexigencia, excelencia y perfección, es decir que no existe espíritu de competencia en razón al reconocimiento de su ser, a la razón de su existencia.

Cuando existe consciencia del Ser, existe paz en el espíritu y equilibrio en la gestión emocional, la conciencia de los dones y habilidades genera inspiración, motivación y ganas de avanzar disfrutando el proceso, simplemente se vive.

Por tanto es imperante el estudio y orientación del ser humano en el conocimiento e información del descubrimiento de los dones y habilidades para encontrar el propósito de vida.

Las personas necesitan un propósito que tenga significado, Esa es nuestra razón de vivir. Con un propósito compartido, somos capaces de conseguir cualquier cosa". Warren Bennis.

9

Capítulo nueve

Escapar del sistema genera sentimientos de humillación, aislamiento, depresión y tendencia a la autodestrucción

"Se debería aprender a dejar ir antes de aprender a recibir. La vida debería ser tocada, no estrangulada".
Ray Bradbury.

"El que no quiera responsabilizarse del mundo que no eduque".
Joan Carles Mèlich.

Ante la baja autoestima y la falta de amor propio que no me permitían socializar y desarrollar una personalidad con carácter, me refugiaba en el desarrollo de habilidades, así podía sobrevivir ante las emociones negativas e impedir que la depresión me consuma, canalizaba la energía de frustración en mantenerme ocupada en actividades o estados que desarrollen las habilidades que llevaba en mi ser, tales como:

- Tocar instrumentos musicales.

- Desarrollar expresión corporal y emocional a través del Teatro.

- Participaba en las danzas para los actos cívicos escolares.

- Diseñaba coreografías para los bailes en los actos cívicos.

- Repasaba lecturas de pronunciación en la clase de idiomas extranjeros.

- En mis ratos libres dedicaba tiempo y atención al dibujo en lápiz , y a la pintura con témperas y acuarelas.

- Escribir poesías.

La fase de mayor producción en la expresión de la creatividad se desarrolló entre los 10 y 16 años, en este ciclo mi atención estaba focalizada en "crear".

De todas las experiencias de desafíos emocionales en el colegio, una en particular grabó una impronta negativa en mi cerebro emocional que la arrastré hasta la adultez: "**la humillación en público en particular recibida por un maestro de Química a los 14 años me marcó la personalidad y**

desde ese día mi autoestima quedó dañada para hablar en público, mi carácter se debilitó, perdí la inspiración para pintar y dibujar, y caí en depresión".

Cursaba el primer curso del nivel Medio en un colegio privado-religioso de la ciudad de Cochabamba, era un día de aburrimiento en el curso, el profesor se atrasó en llegar, las alumnas aprovechamos para jugar en el curso con el típico juego de tirarnos papeles unas a otras, nos divertíamos esquivando los papeles, de repente el profesor llega y quienes lo vieron alcanzaron a dejar de jugar; inmediatamente él ordena silencio para dar inicio a la clase.

En un momento de distracción del profesor, una compañera llena de coraje lanza un papel al vacío y cae en mi escritorio, admiré tanto el atrevimiento de mi compañera al lanzar el papel estando el profesor dentro de la clase sin ser descubierta en su travesura, que no pude evitar el impulso de lanzarlo también, en el preciso momento en que tiré el papel fui descubierta por el profesor, el momento de inspiración se corta cuando escuché la llamada de atención del maestro con entonación de enojo por el acto de rebeldía en que me encontraba: "¡Centeno! Venga adelante al pizarrón!". **Cuando nos hablaban los maestros se dirigían a nosotros por el apellido, jamás por el nombre.**

El profesor sorprendido al ver a la mejor alumna en actos de desobediencia, decide sentar un precedente en el curso para cortar el desorden en clase, me pide pasar al frente a resolver en la pizarra una ecuación de química para comprobar si estaba atenta. Ver la cara de enojo y escuchar el tono enfurecido del maestro me llenó de miedo, al llegar a la pizarra y observar la ecuación mi razonamiento se bloqueó y la mente prácticamente se puso "en blanco", no supe resolver la ecuación en el pizarrón, me quedé mirando la pizarra en silencio.

En ese momento me pide dar la vuelta mirando al frente hacia las compañeras y delante de toda la clase me lanza con severidad la llamada de atención:

- "¿Qué te crees?".

- "¿Piensas que eres autosuficiente?".

- "¡Te voy a enseñar a respetar mi clase!".

- "¡No te da vergüenza aprovecharte del esfuerzo de tus padres que se sacrifican para enviarte a este Colegio y tú los defraudas poniéndote a jugar en vez de ser ejemplo!".

- "¡Eres una vergüenza para tus padres!".

- "¡El hecho que seas la mejor alumna no quiere decir que vas a venir a hacer aquí lo que te dé la gana!".

- "¡A mí me vas a respetar y me vas a obedecer!".

- "¡No voy a permitir que me desvíes la clase!".

- "¡Eres una sinvergüenza!".

- "¡Eres una mal agradecida!".

- "¡Te voy a poner en tu sitio!".

- "¡Atrevida!".

- "¡Eres una malcriada!".

- "¡Yo no vengo a perder mi tiempo!".

Estas frases de juzgamiento, entre otras más, lastimaron por completo mi personalidad, **en ese momento sentí dolor emocional en mi corazón al sentirme humillada en público, era la primera vez que recibía trato humillante sin** derecho a expresarme, ante la vista de todo el curso, me sentía en un juicio y que me daban la condena.

El sentimiento de humillación, **a mis 14 años, quedo grabado en la memoria emocional,** no puedo reescribir con exactitud las demás palabras que dijo el maestro, fue un momento de dolor vivir esa escena, el sentimiento de dolor quedó grabado como una huella en mi corazón, lo que más me causó dolor fue la forma en que dijo las palabras, el sentimiento de rabia que puso en cada frase al gritarlas fue determinante para provocar una herida emocional en mi ser.

Quizás ese día el profesor no tuvo un buen día y fui el medio para la descarga emocional de la rabia y enojo que él llevaba en su interior.

Nunca antes había sentido tanta humillación y vergüenza a la vez, sentí que hacía el ridículo al frente de todo el curso, me arrepentí con toda mi alma haber tirado el papel, no pude soportar la presión de la llamada de atención en público.

Todos los ojos del curso estaban sobre mí, sentí me miraban con compasión, pena, miedo y lástima, fue demasiado para mi resistencia emocional, me puse roja, bajé la cabeza y con la mirada al suelo cayeron las lágrimas sin parar delante de todo el curso, en ese momento el profesor reaccionó y me ordenó sentarme, ordenó que todos saquen los cuadernos y siguió la clase, no sin antes advertir que en su clase nadie podía faltarle al respeto.

Ese recuerdo de humillación quedo marcado en la memoria emocional, no logré olvidarlo, ese día mi autoestima se cayó delante de todas mis compañeras, a partir de ese momento ir al colegio era una tortura para mí, sentía vergüenza por haber fallado.

Los siguientes días las compañeras hablaban del incidente en la clase de química, se hizo el chisme de moda en el colegio, cuando caminaba por los pasillos escuchaba los murmullos y comentarios que eran como flechas lanzadas a mis espaldas:

- "Pobrecita, ella es la que recibió el castigo del profesor de química".

- "Es ella la alumna a la que trataron bien mal en la clase".

- "Uy mírala, es ella, a la que gritaron y la hicieron llorar en clase".

- "Ahí viene la que fue maltratada en público en la clase por portarse mal".

Durante una semana me perseguían los chismes, comentarios y murmullos en los pasillos del colegio, no soportaba recibir lástima. Ante la presión de los comentarios, me sentí agobiada y terminé contándole el incidente a mi mamá, le pedí que ya no quería ir al colegio o que me cambie de colegio, estaba sumergida en la depresión.

Mi mamá indignada pidió audiencia con la directora del Colegio para reclamar la severidad del maestro, el profesor fue convocado a la dirección y allí amonestaron al maestro, el profesor admitió que fue severo y pidió disculpas a mi mamá, a la vez pidió que controlen más mi conducta para no perjudicar mis estudios, que mi caso era diferente por ser buena alumna y estaba obligada a dar el ejemplo a mis compañeras.

Luego de la reunión con el maestro, mi mamá me consuela y me dice que no volverán a faltarme el respeto, sin embargo a la vez me observa que el profesor tenía razón en relación a que estaba obligada a cuidar mi conducta de manera permanente y estaba prohibida de cometer travesuras por la condición de mejor alumna. **En ese momento sentí una carga en la espalda ser la mejor alumna, me sentía atrapada en un estereotipo de comportamiento.**

Posterior al reclamo, en la siguiente clase el maestro no pudo evitar la revancha de hacer comentarios:

- "Encima que te portaste mal, vas y te quejas con mentiras de lo que pasó, te hiciste la víctima!".

- "Eres una cobarde, las niñas valientes y responsables asumen sus faltas y las corrigen!".

- "Qué pena que tengas que quejarte con tu mamá!".

- "Me desilusionas!".

Esta vez evité contarle a mi mamá los comentarios de impotencia del maestro, al final el objetivo de mi denuncia era que me saquen del Colegio, sin embargo observaba que mis padres no permitirían que abandone el Colegio, para evitar más maltrato verbal del profesor decidí callar y ya no quejarme más del maltrato psicológico en el colegio.

Desde aquel día me miraban mal en el curso como la quejona, la llorona, la débil, la cobarde, mis compañeras me señalaban como la culpable en provocar mal humor del profesor de química y por esta razón recibíamos más tarea para llevar a la casa. Las alumnas que se quejaban del profesor y llevaban a sus padres al colegio a reclamar, eran consideradas enemigas del profesor.

Gracias a ser hija de militar me tocaba cambiar de destino cada 1 o 2 años, recuerdo que ese año contaba con ansiedad los días para cambiarme de Colegio, me sentía **agradecida** con la vida de cambiar de Colegio casi todos los años, a pesar de la costumbre en vivir cambios de ciudad, aún así tenía dificultades en adaptarme en cada lugar.

Sentía que no era una estudiante normal, socialmente no me adaptaba al curso, mientras mis compañeras se ponían tristes cuando estaba por terminar el año escolar, yo me emocionaba y me sentía feliz de que acabe el año escolar, quería liberarme para siempre de las clases, ya no quería saber más del Colegio, ni de seguir instrucciones de los Maestros.

Año 1990. 16 años. Abanderada en el desfile cívico escolar
"Educar no es dar carrera para vivir, sino templar el alma para las dificultades de la vida". *Pitágoras.*

La humillación en público del maestro de química fue la gota que rebalsó el vaso con agua en la memoria emocional, esta memoria se encontraba llena de todas las experiencias acumuladas durante casi 10 años de Colegio, desde los 5 años en el Jardín de Infantes en el año 1979 hasta ese momento en que contaba con 14 años de edad cursando el primer curso del Nivel Medio en el año 1988. Llevaba acumulada saturación mental de la vida en las aulas escolares, a partir de ese incidente de humillación pública delante de las compañeras, la depresión comenzó a ganar terreno en mi vida, me sentía literalmente "víctima" y "mártir" de lo sucedido, cuando estaba sola sentía necesidad de entregarme al dolor y al sufrimiento hasta las lágrimas, no podía evitar recordar las palabras y los hechos que me lastimaron una y otra vez hasta volver a sentir la humillación y llorar. Sin darme cuenta estaba desarrollando un cuadro de sentimientos severos, profundos y prolongados de tristeza.

Tenía emociones negativas acumuladas en mi ser que se convirtieron en un remolino que ahogaba mi garganta, sentía deseos de gritar hasta el cansancio, sentía deseos de golpear a las personas, quería romper cosas y tirarlas contra la pared y el piso, quería golpear mi cabeza contra la pared, me invadían pensamientos de autodestrucción, me sentía atrapada en mi propio cuerpo, no sabía cómo canalizar toda la angustia que llevaba dentro.

Era una tortura interna que me oprimía el pecho, no podía soportar tanta frustración acumulada en mi corazón, me transformé en una memoria de dolor, sentía una nube negra que bloqueaba mis sentimientos y me provocaba una permanente tristeza, no sentía razón para seguir viviendo, era una tortura levantarme todos los días para ir al colegio.

Me sentía una marioneta manejada por todos los seres que me rodeaban, el control de mi vida y de mis decisiones estaban fuera de mis manos, en las aulas escolares parecía un robot, me sentía hipócrita con mis compañeras, no tenía ganas de hablar con ellas, tampoco de reír, me molestaba que busquen conversar conmigo, sentía que no tenía ningún tema de conversación con ellas, nada que compartir, tampoco miraba a los ojos, no me sentía sincera, quería pasar desapercibida y esconderme de los demás.

Las excusas para aislarme era que quería leer o estudiar, esquivaba mirar a los ojos, me causaba dolor mirar a los ojos, no quería que descubran mis sentimientos a través de la mirada, no quería recibir más lastima y tampoco quería recibir compasión, me sentía invadida en mi espacio cuando me dirigían la palabra.

Comencé a encerrarme en mi cuarto más seguido, no tenía ganas de leer, tampoco de escribir, solo quería llorar, abrazaba la almohada, me cubría con las sábanas y lloraba, fingía estudiar, solo quería llorar, me sentía miserable, no encontraba razones para avanzar, solo miraba la ventana de mi cuarto, miraba el cielo, quería volar lejos y perderme en el cielo.

En las noches oraba, pedía al cielo compasión, me arrodillaba en el piso al borde de mi cama y pedía piedad para mi alma, ya no quería vivir, ese año estábamos en una vivienda militar en la región de los Valles, en la región de Cochabamba, vivíamos en un edificio de tres pisos, nuestra vivienda se encontraba en el tercer piso del edificio militar.

Una tarde quedé sola con mi hermana menor en la vivienda, mis padres salieron a trabajar, **mis padres jamás se dieron cuenta de la depresión en que me encontraba, estaba tan programada por el sistema educativo para mantenerme obediente en silencio que fingía muy bien estar tranquila, la obediencia y el silencio eran el mejor escudo, la mejor máscara de protección.**

Esa tarde mi hermana menor Sandra estaba distraída con la televisión en el cuarto de mis padres, mientras yo me encontraba en mi cuarto en silencio sentada al borde de la cama observando la mochila de materiales escolares, daba vueltas para hacer las tareas, sentía flojera con la mirada perdida. De repente comencé a sentir la fuerza de la depresión en todo mi cuerpo, me invadió un profundo sentimiento de vacío y soledad en el corazón, sentí presión en el pecho, la respiración comenzó a agitarse, la palpitación de mi corazón comenzó a subir, sentía los latidos de mi corazón rebotar a los lados de mi frente, en mi sien, en ese instante sentí fatiga y me llevé las dos manos al corazón como si intentara detener el dolor que me invadía por dentro, rompí en llanto hasta gemir y balbucear. Salí llorando del cuarto hacia el balcón de ingreso buscando aire, el ahogo del llanto no me dejaba respirar.

Comencé a sentir desesperación, sentía deseos de escapar, de volar, de desaparecer, comencé a caminar dando vueltas en el balcón, me sentía incapaz, inútil, sentía presión en la cabeza, en un momento de ofuscación, perdí la conexión con el razonamiento, me sentí mareada y con ganas de vomitar, me agarré del balcón mirando hacia el piso de abajo, las piernas me temblaron, sentí profundos deseos de lanzarme desde el tercer piso en que me encontraba, quería acabar con la tortura de la angustia interna, quería liberarme del dolor, quería dejar de sentir el ardor en mi corazón, mientras observaba el suelo, sentí un escalofrío en toda mi espalda y una corriente de adormecimiento que subía por mi columna hasta mi cabeza, esa energía me sostenía de pie cuando en realidad quería desmayar al vacío.

Miraba desde las alturas el piso y me imaginaba muerta, **mi mente comenzó a vagar en la oscuridad de los pensamientos y comencé a recordar todos los momentos de humillación que había recibido hasta ese momento en que ya llevaba 14 años biológicos.**

Comencé a recordar la soledad en la niñez, las lágrimas y gritos de mis compañeros el primer día de clases en el jardín de infantes, los gritos de los maestros, los castigos que me tocó observar y recibir en el Colegio, el trauma de las calificaciones, la presión de ser siempre la mejor alumna, el miedo a sacar malas notas, el miedo a romper reglas, el miedo a los golpes, el miedo a los médicos, el estrés en los interrogatorios con los psicólogos y psiquiatras, el miedo a decir mi verdad, el miedo a hablar de mis sueños, el miedo a las críticas, todas los monstruos de mis pesadillas comenzaron a desfilar en la memoria.

Recordé la impotencia de no poder dibujar y pintar, la inspiración me estaba abandonando, sentía el vacío del alma, se fue la alegría de la creatividad, el alimento de mi alma ya no estaba, solo repetía "Dios Mío! ¡Dios mío! ¡Dios mío! ¡Qué va a ser de mí!" era lo único que decía entre llantos y gemidos, sentía la hinchazón de mis ojos, sentía dolor en todo el cuerpo, "¿Cómo era posible que pueda seguir viviendo así?".

¿Cómo era posible sentir tanto dolor? ¿Vale la pena vivir para sentir dolor? Recordaba las discusiones de mis padres, las lágrimas de mi mamá luego de las discusiones, la frustración de mi papá cuando no lograba darnos todo lo que él deseaba para su familia, las lágrimas de mi papá cuando los amigos lo traicionaban y estafaban con el dinero y pasábamos estados de escasez, las mentiras que tuve que decir para salir a pasear con mis amigas, todas las veces que recibí discriminación y burlas de las compañeras por mi forma de vestir, de hablar, de pensar, de sentir, todas las veces que de niña me quedaba en la ventana mirando como jugaban los niños del vecindario mientras me quedaba encerrada en casa a hacer las tareas.

Llegaban a mi mente las burlas que recibí por expresar mis sueños, todas las veces que permití destruyeran mis sentimientos con palabras negativas, despertaban las heridas emocionales de los castigos que recibí de mis padres cuando desobedecía las reglas, salieron a flote la rabia, la impotencia, la baja autoestima acumulada por las malas relaciones en el Colegio, la angustia, la humillación del profesor de química, la vergüenza, el silencio, la impotencia, el odio, el resentimiento ocasionado por la obediencia de todas las instrucciones y órdenes que recibí hasta ese momento, me atormentaban recuerdos de todas las veces que me dijeron que estaba fea, mal vestida, que era ridícula, cada palabra de crítica destructiva despertaba en mi mente como martillazos en mi cabeza y el eco del dolor se sentía en mi corazón.

Era una descarga eléctrica como una cascada de emociones negativas que vomitaba en lágrimas y gemidos, perdí la noción del tiempo, solo sé que no paraba de llorar, cuando salí al balcón era de tarde y cuando me cansé de llorar ya era de noche.

Decidí dar fin a ese martirio emocional, me dirigí al borde del balcón y mire por última vez el cielo oscuro, pedí perdón por sentirme tan miserable con mi alma y no tener las fuerzas para enfrentar y convivir con mi dolor, me alisté a subir al borde del balcón, era un balcón alto para mi tamaño, me llegaba arriba de la cintura, como no tenía fuerzas para subir decidí entrar a sacar una silla para facilitar la subida, una vez arriba de la silla, miré al vacío del piso, y me quedé en silencio observando con la presión en el pecho, era una lucha interna en mi interior, estaba inmóvil, de fondo escuché la voz de mi hermana menor en el interior de la casa que estaba llamándome para que la acompañé, en esos momentos levanté la mirada y vi que en el edificio contiguo había una señora que lavaba ropa en su balcón y me observaba con atención, la actitud de profunda atención de la señora me hizo reaccionar, era como si mi mamá me estuviera mirando sin entender por qué estaba actuando de esa manera.

Sentí vergüenza de ser descubierta y decidí bajarme de la silla, sentía la necesidad de cometer mi locura sin testigos, era tan cobarde que no quería asumir lo que estaba haciendo delante de las demás personas, agarré la silla y entré a la casa, el miedo me salvó una vez más, ser invadida por el miedo me llevó a seguir avanzando.

Al día siguiente volví a ir al colegio con la cara hinchada del llanto del día anterior, cuando me preguntaban de qué había llorado, me justificaba con la mentira que me había desvelado con una película y no había dormido y por eso estaba hinchada. Haber descargado energía con llanto y lágrimas el día anterior, permitió que al día siguiente amanezca sin fuerzas y con mucho cansancio, de esta manera al llegar a mi casa del colegio, me acosté en una larga siesta toda la tarde que calmó mi ansiedad, desperté agotada sintiendo vergüenza y culpabilidad de la estupidez del intento de suicidio, decidí archivar esa experiencia en el silencio.

Ahora que escribo por primera vez este capítulo de mi historia de manera pública, siento compasión de esta etapa de mi vida, la libero y me resigno a aceptarla como parte de mi vida, **entiendo que era una etapa de oscuridad para tocar fondo en mis sentimientos y descubrir la memoria de dolor que llevaba dentro**, esa memoria buscaba expresarse, buscaba reconocimiento de su existencia, llegué a mirar a los ojos la profundidad del dolor para aprender a perdonarme.

Hoy elijo liberarme de la crítica y del juzgamiento y me perdono por haber pretendido quitarme la vida, simplemente viví la experiencia y ya pasó, me tranquiliza escribir este capítulo sin odio y sin rencores, entender que el dolor de ese momento se alejó lentamente de mi vida gracias a reconocerlo y aceptarlo, todavía recuerdo los gemidos de la niña revolcándose en su martirio, observo con amor esos sentimientos del pasado, reconocer y aceptar lo que fui me permite comprender el presente para dar paso al perdón, al amor y la autovaloración en mi vida.

Hoy perdono a la niña que decidió vivir el martirio y los sentimientos de víctima, le envío luz y amor, la amo, la perdono y la libero de mi vida, gracias a ella, hoy soy lo que soy, y vivo este nuevo estado de consciencia.

Mis hijos y nietos leerán este capítulo, a ellos les digo que **decidí convertir la tragedia en inspiración,** decidí cortar la maldición generacional del martirio y del suicidio, decidí volver a vivir esa experiencia para enfrentarla y liberarla de nuestras vidas, **solo reconociendo la verdad me libero de las cadenas emocionales del silencio,** y libero a mis descendientes de esta experiencia.

Tuve que caer en la oscuridad para encontrar la luz, **gracias a ese episodio de mi vida, hoy tengo las fuerzas para unirme a la causa de ser activista y divulgadora en la revolución del sistema educativo, decido contribuir con mi testimonio a generar consciencia en relación a la educación emocional para evitar traumas de dolor en niños y adolescentes.**

Hoy admiro a esa niña adolescente de 14 años que vivió en mí y logró resistir la carga emocional acumulada en silencio y logró sobrevivir a la invasión de pensamientos suicidas.

Es admirable cómo **los niños adolescentes desarrollan el sentido de la sensibilidad, la capacidad de ser esponjas y absorber todas las experiencias vividas con detalles. Es preocupante observar cómo los traumas de la niñez** llegan a acumularse, saturarse en la memoria, afectan y bajan la autoestima, y la autovaloración del ser, hasta el extremo de perder el sentido a la existencia y llegar a despreciar la vida. A la vez es una advertencia pensar la cantidad de adolescentes que vivieron estos sentimientos en peores circunstancias y se dejaron vencer con el dolor hasta suicidarse, ellos ya no están para escribir la historia.

Este capítulo es una advertencia para tomar consciencia como la mente humana puede llegar a deteriorase cuando no existe educación emocional, cuando no se permite desarrollar al SER, cuando se bloquea la creatividad, cuando se lastima la dignidad y la personalidad de un niño, cuando se lastima el amor propio del ser humano en desarrollo.

Para generar la nueva consciencia de autoestima, autovaloración, amor propio y respeto tenemos que aceptar que el actual sistema educativo está deteriorando y bloqueando el desarrollo del SER y contaminando la mente y el corazón de los niños.

El SISTEMA genera núcleos educativos sin INTEGRIDAD donde se desarrolla un desorden de creencias, pensamientos, conductas, hábitos y sentimientos, no existen FILTROS, no existe DIVERSIFICACION, no existe FILOSOFIA DE VIDA, no existe guía de VALORES en teoría y práctica.

Todos seguimos como ovejas al pastor que se llama SISTEMA, todos estamos obligados a pensar de la misma forma, obligados a aprender de memoria la teoría sin entrenarnos en la práctica.

NOS DICEN LO QUE TENEMOS QUE PENSAR, NOS DIRIGEN LA FORMA DE VER LA VIDA, NOS DICEN LO QUE TENEMOS QUE DECIR, esta situación es una evidencia contundente de BLOQUEO DEL SER, estamos atentando contra las leyes naturales, estamos evitando el desarrollo del pensamiento humano al imponer criterios del siglo pasado.

Estamos contribuyendo a seguir estancando el desarrollo de la sociedad **permitiendo la producción de SERES MEDIO-**

CRES, IGNORANTES Y CONFORMISTAS, llenos de MIEDO y COBARDÍA para ser protagonistas de su propia historia.

A continuación describo todo el aprendizaje que recibí, viví, experimenté y aprendí durante mi formación en el SISTEMA EDUCATIVO, todo este listado fue el causante de transformarme en un ser con pobreza mental, emocional y espiritual que me ocasionaron problemas de adaptación social y falta de coherencia en la vida, hasta llegar a un shock y crisis existencial que casi me lleva a cometer la estupidez de quitarme la vida, aquí presento a las verdaderas materias que aprendemos en la EDUCACION:

- Aprendí a mentir para no recibir castigo.

- Aprendí a ser chismosa con los profesores para recibir reconocimiento.

- Aprendí a callar las injusticias por miedo a las represalias.

- Aprendí a hablar de los demás a espaldas para conseguir aprobación.

- Aprendí a ser egoísta.

- Aprendí a ser materialista.

- Aprendí a ser envidiosa cuando no recibía reconocimiento.

- Conocí la traición.

- Conocí el drama.

- Permití maltrato físico y psicológico.

- Conocí y viví sentimientos de vergüenza.

- Recibí humillación.

- Viví la depresión.

- Conocí y sentí la frustración.

- Conocí y sentí la venganza.

- Alimenté la rabia.

- Alimenté el odio.

- Alimenté el resentimiento.

- Recibí y viví el chantaje emocional.

- Desarrollé sentimientos de víctima y de mártir.

- Desarrollé sentimientos de desmotivación.

- Desarrollé la baja autoestima.

- Viví la falta de amor propio.

- Aprendí a ser individualista y no trabajar en equipo.

- Aprendí a ver a los demás como competencia.

- Aprendí a ser susceptible y andar siempre a la defensiva.

- Aprendí a perder la confianza en el proceso de la vida.

- Aprendí a vivir pensando que me harían daño.

- Desarrolle creencias en las diferencias económicas y sociales.

- Profundicé la mentalidad de escasez y pobreza.

- Perdí la fe en mí misma.

- Perdí mi esencia divina.

- Dejé de creer en Dios.

- Perdí el sentido a la vida.

- Viví la discriminación.

- Viví el regionalismo.

- Aprendí a ser celosa y envidiosa.

Todos estos sentimientos y emociones negativas los desarrollé y profundicé en las relaciones humanas en el colegio y en la universidad.

De nada sirven los valores si se desarrollan entre hábitos y acciones que nos alejan de la filosofía de vida que nos dicta la pureza del corazón.

En pocas palabras me sentía inadaptada social.

Permití la programación mental con instrucciones y órdenes que me llevaron a actuar de modo que iba en contra de los dictados de mi corazón.

*Año 1990. 16 años. Diploma de Honor por haber obtenido el primer puesto del nivel medio otorgado por la asociación de padres de familia.**"El sentido común no es resultado de la educación"**. Victor Hugo.*

Hoy entiendo que no existía coherencia en mi vida.

La falta de coherencia me llevaba a tener problemas en la convivencia con la sociedad, mis actos eran cumplimiento

de órdenes, que buscaban satisfacer y recibir aprobación de los demás, iba en contra de mi propia naturaleza, no estaba viviendo mi vida, estaba viviendo la vida de los demás.

Sentía de una manera, pensaba otra y actuaba de otra forma, vivía confundida.

Estaba tan programada en la incoherencia que no entendía dónde estaba el problema, no veía claro.

Año 1991. 17 años. Promoción en el acto de clausura escolar .
"Te has estado criticando a ti mismo años y años y no ha funcionado. Trata aprobarte a ti mismo y mira qué ocurre".
Louise L. Hay.

Algo tan simple como la falta de coherencia no tenía la capacidad de reconocer en mí misma, simplemente porque no estaba educada ni formada para ser COHERENTE.

Era parte de la masa de alumnos PROGRAMADOS PARA SEGUIR INSTRUCCIONES y alejarse del verdadero SER, ese era el producto de las aulas escolares, ese es el crimen de la EDUCACION, la herencia de los seres programados para ser robots es el desastre de la HUMANIDAD, una masa sin consciencia, sin integridad, sin coherencia, multiplicando de generación en generación los vicios y la desintegración del SER.

"Vivir es aprender a ver en la Oscuridad".Francoise Sagan

¿Cómo lidiar con el dolor de la humillación, el aislamiento, la depresión y la autodestrucción?

"Una emoción no causa dolor. La resistencia o supresión de una emoción causa dolor".
Frederick Dodson.

Aceptar lo que viví, resignarme a aceptar las circunstancias que pasé y entender que fue necesario para mi aprendizaje como alma, me libera de la culpabilidad; la aceptación y la resignación es también liberación. Hoy observo esa oscuridad con compasión y le agradezco a ese capítulo de mi vida que me llevó a experimentar con éxtasis el dolor, gracias al dolor y a la culpabilidad me alejé de la vida convencional para encontrar sanación, esta búsqueda me condujo al camino del crecimiento personal y la espiritualidad, sin darme cuenta encontré en la necesidad de sanación un propósito de vida que me llevó a despertar en el camino a trascender, en esa debilidad hoy encuentro la fortaleza.

Gracias a esa cobardía hoy encuentro la valentía, gracias a reconocer el autoengaño de creer que era perfecta **hoy** reconozco mi imperfección y me acepto tal como soy con mis virtudes y mis desaciertos, me amo y me perdono, me lleno de comprensión y compasión, reconozco la dualidad en mi interior, la luz y la oscuridad dándose la mano como hermanas para dar vida a mi nuevo SER, para comenzar a vivir en la VERDAD y en la INTEGRIDAD.

Ahora comprendo la profunda IMPORTANCIA DE LA EDUCACION EMOCIONAL, LA IMPORTANCIA DE LA EDUCACION CON AMOR Y RESPETO EN LAS RELACIONES HUMANAS, para ser implementadas como materias del sistema educativo. ¿Cuántas confusiones mentales y emocionales pueden evitarse si educamos a los niños y adolescentes en la filosofía de aprender a vivir? ¿Cuántos suicidios pueden evitarse en los niños y adolescentes?, si entendemos el proceso de la vida, podemos evitar ser víctimas de la depresión y de los traumas de los intentos suicidas.

Si desarrollamos el AUTOESTIMA y la AUTOVALORACION tendremos el CORAJE y VALENTIA para enfrentar el miedo y denunciar las veces que somos víctimas de abuso, maltrato psicológico, emocional, moral o físico. El silencio es la peor de las torturas, es un suicidio emocional lento que nos destruye la vida, no vale la pena vivir en dolor por esconder la verdad, si alguien lee este capítulo y se encuentra sufriendo una angustia o dolor por maltrato emocional, físico o psicológico o se encuentra con vacíos emocionales y tendencias suicidas, revise el internet y con el buscador google ponga la frase "cómo salir de la depresión", le saldrán varios links de páginas con guías de autoayuda para entender el proceso de la etapa de vida que está viviendo, tiene que aprender a vivirla hasta superarla y trascender esa experiencia.

Hacer público este testimonio, permitir que se escriba como me nace escribirlo, sin filtros, es la mejor terapia que encontré para liberarme de la culpa y del dolor, sin pensar en los perjuicios y juicios de valores que puedan ocasionarse, al fin y al cabo esa niña existió, es parte de mi vida pasada, y pide ser liberada para dar paso a la mujer que hoy quiere vivir en libertad de las cadenas del silencio que le ocasionaron la memoria de dolor.

¿Cuántos alumnos con depresión existen actualmente en las aulas escolares viviendo la discriminación social, emocional, económica y religiosa? ¿Cuántos niños rechazan su propia personalidad por las burlas y el maltrato psicológico?

No es fácil destapar la oscuridad del alma, este capítulo oscuro de mi niñez y adolescencia se transformó en sentimiento de culpa que cargué hasta hoy como un fantasma durante toda mi vida, agravado por la programación religiosa que me llevó a profundizar la culpabilidad con el mensaje del "castigo divino".

Dejé de asistir a las iglesias y grupos de oración porque mi frecuencia de sentimientos no se adaptaban al puritanismo, la hipocresía y los sermones de condena, me sentía peor cuando escuchaba los sermones que juzgaban de culpabilidad a los pecadores y lanzaban la condena que los que atentan contra la vida se van al fuego del infierno, esas sentencias y dogmas religiosos me llenaban de pánico y miedo y me sumergían aún más en la depresión, encontraba lejos el perdón a través de la religión.

Al alejarme de la religión sentía la necesidad de buscar orientación y ayuda en solucionar mi estado emocional negativo, así llegué a conocer terapias alternativas de sanación, invertí tiempo y dinero en consultas y consejeros espirituales, me ayudaron a obtener información para desarrollar el camino del "autoconocimiento", comenzar a practicar la reflexión, la meditación, la contemplación en la naturaleza y la respiración, me ayudó a calmar la ansiedad, en momentos de crisis emocionales y encontrar la carga de energía que necesitaba para fortalecer mi alma y seguir avanzando.

Ahora entiendo que no hay peor cadena que el silencio, negar la verdad, es negar la propia existencia. La única forma de avanzar en la vida es aceptar y enfrentar la verdad de la existencia. Reconocer y aceptar lo que somos con nuestra luz y oscuridad, vivir en la aceptación nos lleva a avanzar, a dar el paso siguiente.

DIOS ES LA VERDAD, esconder la verdad es negar a DIOS.

Solo a través de escribir la historia encuentro paz, permito hablar al dolor, permito hablar a la niña que clama atención y reconocimiento, ahora que les permití expresarse, ya cumplieron su razón de acompañarme, ahora están listos para trascender, comenzarán a despedirse lentamente, comienza el proceso de liberación y el inicio de una nueva vida con integridad, la grandeza de la VIDA llega cuando decidimos romper las cadenas del silencio y recibimos la oportunidad de trascender a través del perdón.

Hoy tomo consciencia de todo lo que me llevó a caer en depresión, hoy reconozco las emociones, sentimientos y creencias negativas que me llevaron a ese estado emocional, tomo consciencia de los pensamientos negativos acumulados durante la niñez y adolescencia y que son promovidos, tolerados y fomentados por el sistema educativo.

Si hacemos los cambios y replanteamos la educación podemos educar y prevenir estos sentimientos y emociones para evitar duplicar el drama y la tragedia en las nuevas generaciones a través de la **EDUCACIÓN EMOCIONAL**, podemos desarrollar la INTELIGENCIA en el autoconocimiento y la dirección de las EMOCIONES.

Es un gran arte desarrollar la habilidad de una VIDA CON COHERENCIA, que los actos reflejen lo que se piensa y se siente, SER, PENSAR Y HACER, una trilogía simple y a la vez tan profunda para desarrollar la FELICIDAD en el ser humano.

Descubrí con mi vida que cuando existe coherencia en la vida somos FELICES, la alegría más grande para el alma es poder expresarse a través de los pensamientos, palabras y actos, actuar desde el corazón.

Si partimos del principio que el niño lleva por naturaleza inocencia, pureza y cierta ingenuidad en su SER, es lógico pensar que si sembramos amor, reconocimiento, inspiración en una mente en blanco, si creamos las condiciones y circunstancias para dejar hablar a su SER, descubriremos el GENIO BRILLANTE que lleva dentro, un pintor, un músico, un artista, un orador, un obrero, un voluntario, un científico.

Sea lo que descubra su interior será un ser humano feliz con lo que ES y con lo que HACE, su propia alma le mostrará el camino a través de los dones y talentos, "no será el SISTEMA el que ordene el dictamen del camino de su vida sino será el niño desde su SER que muestre el camino".

El SISTEMA tiene que convertirse en fuente de inspiración para coadyuvar en el desarrollo de las habilidades en los niños y crear las circunstancias para que cada SER encuentre su vocación de servicio.

Hoy en día el SISTEMA es el manipulador de la PROFESIÓN nos aleja de la VOCACIÓN. Hay que hacer ajustes en el enfoque y la forma de ver la EDUCACIÓN. Evitar esperar a tener 18 años con el alma deteriorada y golpeada a seguir la corriente, al contrario es en los 7 primeros años de vida para dejar florecer el alma del niño.

Para asegurar el desarrollo del SER del niño, el sistema educativo tiene que otorgar asesoramiento y guía a LOS PADRES que son los llamados a crear las condiciones para el desarrollo emocional saludable de los hijos.

Es decir que los PADRES somos parte del cambio, para reescribir la HISTORIA DE LA HUMANIDAD tenemos que provocar la consciencia en la SOCIEDAD, para que los PADRES se unan al SISTEMA EDUCATIVO, y asumir la verdadera responsabilidad de la EDUCACIÓN CON NUESTROS HIJOS, debemos dejar de insertar a nuestros hijos como ovejas al rebaño del sistema, y enseñarles a descubrir la fortaleza y sabiduría de los dictados de su corazón.

Año 1990 – 16 años. Reconocimiento como Mejor Alumna y Porta Estandarte del Nivel Medio en el Acto de Clausura del año escolar.

Año 1990 – 16 años. Reconocimiento como Mejor Alumna y Porta Estandarte del Nivel Medio en el Acto de Clausura del año escolar

"Largo es el camino de la enseñanza por medio de teorías; breve y eficaz por medio de ejemplos". Lucio Anneo Séneca.

Capítulo diez

Vivir programados con el
sistema es vivir con
estrés y preocupaciones
financieras

*"El propósito de la educación es mostrar a
la gente cómo aprender por sí misma.
El otro concepto de la educación es
adoctrinamiento".
Noam Chomsky.*

*"El buen maestro hace que el mal
estudiante se convierta en bueno y el buen
estudiante en superior".
Maruja Torres.*

En los últimos años del Colegio era más grande la preocupación por recaudar fondos para el viaje de promoción, para la Fiesta de Graduación, para el vestido que se debe lucir en la Fiesta, elegir la carrera Universitaria y la Universidad a la que elegiría asistir, las carreras que están de moda o las que generan más dinero, eran los enfoques que me provocaban ansiedad cuando me encontraba en los últimos años de Colegio.

No teníamos conciencia de la responsabilidad con nuestra propia vida, la gran mayoría vivíamos en casa de los padres y familiares, es decir que teníamos asegurado la vivienda, la alimentación, el vestido, nuestras necesidades básicas estaban cubiertas, en pocas palabras la mayoría éramos "mantenidos", una manera muy simple de describir el estado de comodidad en que nos encontrábamos, **no sabíamos nada de "SER EMPRENDEDORES".**

Estábamos considerados parte del rebaño creado por el SISTEMA sin formación empresarial, sin educación emocional, sin proyecto de vida, sin metas claras, sin mapa de sueños, sin una ruta de metas a mediano y largo plazo.

Si nos quitaban la manutención familiar no teníamos nada que aportar al mercado laboral, la única habilidad masificada era ser mano de obra y fuerza de trabajo para los empleadores.

Programados para seguir instrucciones, para obedecer, para cumplir reglas, prácticamente para ser empleados o funcionarios sin ninguna formación en administración del tiempo y del dinero.

Jamás habíamos desarrollado o practicado habilidades empresariales y menos sabíamos lo que era quebrar y levantarse de una quiebra, no estábamos preparados para fracasar o ver el fracaso como parte del proceso al éxito.

**Estábamos diseñados para seguir estudiando en la UNI-
VERSIDAD, nos hicieron creer que no estábamos capacita-
das para ser EXITOSOS, que el ÉXITO llegaría una vez ter-
minemos la UNIVERSIDAD, que la llave mágica se llamaba
"TITULO PROFESIONAL".**

Como buen rebaño éramos obedientes y creímos absolutamente todo lo que nos enseñaron y programaron en el Colegio.

Recuerdo la frase típica de todos los padres cuando queríamos ir contra las ordenes e instrucciones del SISTEMA
EDUCATIVO, sobre todo cuando no teníamos ganas de ir al
Colegio, **"el día que me entregues tu título profesional
puedes hacer de tu vida lo que quieras"**, esa era la frase
que nos mantenía con la esperanza de ser libres del yugo
del SISTEMA, y esa era la frase que nos impulsaba a seguir
levantándonos cada día, contando cada año vencido como
una proeza.

Llegamos a la Graduación del Colegio, fue con Honores, una
vez más logré el primer lugar en las calificaciones.

Me sentí orgullosa de satisfacer a mis padres y a toda mi
familia al obtener las mejores calificaciones y ser parte del
Cuadro de Honor. Mi mamá lloraba de emoción, mi papa se
sentía orgulloso, ambos me llenaban de felicitaciones, mi
hermana Sandra me miraba con admiración

Todos estos elementos crearon un cuadro de tranquilidad y
satisfacción en mi SER, sentí como un bálsamo a mis heridas emocionales, sentí FE y ESPERANZA en que el panorama
podía mejorar, estaba con la creencia que mis buenos antecedentes de diplomas, certificados, calificaciones altas, me
abrirían las puertas de las mejores universidades, hasta me
imaginaba con ingenuidad que se pelearían las Universidades por tenerme en sus aulas y que en el futuro las mejores

empresas me harían propuestas de trabajo, en ese momento sentí que se abrían las puertas del mundo para mí.

Año 1990. 16 años. Reconocimiento como mejor alumna del nivel medio en el acto de clausura escolar, acompañada de mis padres, mi abuelo paterno y mi hermanita menor Natalia. **"La educación es al hombre lo que el molde al barro. Le da la forma"**. *Padre Jaime Balmes.*

La noche de la Fiesta de Graduación, recuerdo claramente la pregunta de mi papá :**"Bueno hija, llego el momento de decidir qué vas a estudiar, primero quiero saber ¿qué quieres ser?**, esa pregunta retumbó como un eco en mi mente y en mi corazón: "¿qué quieres SER?", sentí una magia al buscar la respuesta, desde lo profundo de mi SER sentí lo que quería SER, la VISIÓN de mis deseos profundos se convirtieron en imágenes, me vi en Europa en una campiña con ruinas muy parecido a los campos arqueológicos en Francia e Inglaterra con una gorra, con una mochila, con un grupo de arqueólogos y antropólogos estudiando y excavando las ruinas de civilizaciones perdidas en la antigüedad, me vi tomando notas, me vi aplicando los conocimientos de Historia y Geografía que tenía grabados en la memoria, me vi relacionando hechos históricos, escribiendo y documentando, sentí un placer y felicidad inmensa de verme así, en ese momento con brillo en los ojos y llena de entusiasmo rompí el silencio y emocionada le contesté a mi papá: "¡QUIERO SER ARQUEÓLOGA PAPÁ!".

El rostro de mi papá se llenó de confusión cuando le dije que quería estudiar Arqueología, en el año 1991 en mi país Bolivia, la actividad de Arqueología estaba centralizada en las ruinas de la Cultura Inca en el occidente de mi país, la única Universidad que tenía esa carrera era privada y se encontraba en la ciudad de La Paz, los ingresos de mis padres no alcanzaban a cubrir los costos de traslado, habitación y pago de Universidad, por otro lado, en ese momento la Arqueología no estaba en la lista de carreras lucrativas que permitan sostener una vida estable.

Los Arqueólogos reconocidos en mi país eran seres que ejercían la profesión por amor al Arte, sostenían las investigaciones con apoyo de organizaciones extranjeras y donaciones voluntarias, en mis épocas no era prioridad del Estado invertir en historia y cultura.

Mi papá reacciona y en tono sorprendido me dice: **"Hija te vas a morir de hambre, escoge una carrera que te genere plata".**

Inmediatamente di la segunda opción "Papá entonces FILOSOFIA Y LETRAS, me encanta leer libros de Historia, investigar, escribir…". No terminé de describir mi nueva opción y mi papá me cortó la inspiración con las siguientes palabras:

"Bueno hija veo que no tienes idea de lo que quieres ser, esas carreras no generan dinero en Bolivia, vas a terminar siendo catedrática universitaria viviendo entre libros y dependiendo de la ayuda del Estado, entonces voy a ayudarte a decidir, vas a ser Abogada, conozco amigos abogados que ganan mucho dinero, puedes aprender de ellos, puedo conseguirte trabajo para tus prácticas hasta que seas independiente y esa carrera hay en la Universidad Pública, está dentro de nuestro presupuesto y en nuestra ciudad, aquí tienes a tu familia, tienes vivienda, estarás protegida."

Año 1991. 17 años. Mejor Alumna de la promoción.
Clausura escolar.

Terminó la conversación argumentando: **"Mi sueño frustrado era ser abogado, no pude cumplirlo por falta de dinero ahora tu hija querida vas a cumplir el sueño de tu papá, serás una gran abogada y ganarás mucho dinero con esa carrera, no se hable más del tema, ya está decidido".**

Año 1991. 17 años. Acto de clausura escolar.
"Promoción 1991"
"Es lo que creemos que sabemos lo que nos impide aprender". *Claude Bernard.*

Diploma de Honor por haber obtenido el primer puesto como mejor alumna del nivel cuarto medio (Promoción 1991).

En mis épocas el abogado era como el médico, gane o pierda con su cliente igual cobraba y ganaba dinero, por tanto tenían fama de tener siempre dinero en el bolsillo, eran las carreras más comerciales para generar ingresos.

Luego de escuchar la sentencia de mi papá, respiré hondo y simplemente me resigné, no tenía argumentos para contradecir a mi papá, ante la falta de formación en ser independiente, la única opción era darle la razón.

Mi sueño anhelado de viajar por el mundo como mochilera siendo arqueóloga, investigadora o filósofa, visitando los lugares históricos más maravillosos del mundo entero, el medio Oriente, Persia, India, Egipto, Japón, Indonesia, Tailandia, Singapur, Europa, el Ártico, Alaska, Marruecos, España, se esfumó en menos de 5 minutos.

De niña mi fantasía era dar la vuelta al mundo 5 veces, recordé el libro de Julio Verne que leí a mis 10 años ¨"La vuelta al mundo en 80 días", cuando disfruté la película en el Cine, creí que podía hacer lo mismo, era tan soñadora que pensé "para mí no es suficiente darle la vuelta al mundo una sola vez, yo la daré 5 veces!".

Mi mente vagaba con los sueños frustrados, una vez más me llenaba de odio en contra del SISTEMA, una vez más el SISTEMA estaba decidiendo por mí.

Nuestros padres estaban programados para tomar decisiones persiguiendo al dinero, yo quería perseguir los sueños, quería seguir mi VOCACIÓN, no quería seguir a la PROFESIÓN, me costaba aceptar estudiar una carrera de la cual no sabía absolutamente nada.

Aquella noche de la fiesta de graduación luego de aceptar la voluntad de mi papá, con un sentimiento desesperado de rescatar mi sueño busqué una tercera alternativa a la decisión de mi papá, "Papi, si voy a estudiar DERECHO (así se llamaba la carrera de Abogacía en mi país o Ciencias Jurídicas), entonces quiero estudiar Derecho Internacional para ser DIPLOMÁTICA, los buenos diplomáticos llegan a ser EMBAJADORES y representan a su país en el extranjero, así podré viajar por el mundo", recuperé fuerzas al encontrar un punto intermedio, tenía que rescatar mi sueño de convivir e intercambiar información con otras culturas, aprender, vivir, conocer, hablar, escribir, en fin, otra vez soñando con satisfacer mi SER.

Mi papá con actitud más tranquila de saber que ya me había hecho la idea de estudiar la carrera universitaria de derecho, me deja abierta la puerta y me dice, "puedes averiguar en la universidad pública si hay esa materia y la tomas hija".

Con los años descubrí que la carrera de Diplomacia únicamente existía en la Universidad Privada de la ciudad de La Paz en el occidente de mi país, en ese momento no generábamos las condiciones para sostener el costo de la educación en otro departamento, por otro lado me faltaba coraje y valentía para tomar decisiones arriesgadas que me lleven a cumplir mis sueños, no sabía nada de ser EMPRENDEDORA, no tenía formación, tampoco la buscaba, me encontraba en zona de confort por miedo a asumir la responsabilidad de mi propia vida.

Mi programación me llevó a desarrollar buena memoria para acumular conocimiento sin un propósito de vida, al no tener consciencia del propósito de vida, andaba a la deriva con mis aspiraciones, no tenía un canal de metas para dar el paso siguiente con firmeza. Una vez más los sueños que llevaba se frustraron.

Los primeros años universitarios a mi papá lo destinaron en provincia en otro departamento así que nos tocó separarnos, con mi hermana nos quedamos en la ciudad con la supervisión de los abuelos y los tíos que vivían al lado de nuestra casa, así

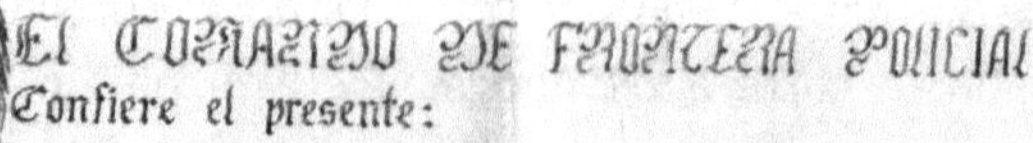

Año 1991. 17 años. Diploma de honor otorgado por el Comando de Frontera Policial por haber obtenido el primer puesto como mejor bachiller del distrito del nivel cuarto medio (Promoción). **"La educación no crea al hombre, le ayuda a crearse a sí mismo".** Maurice Debesse.

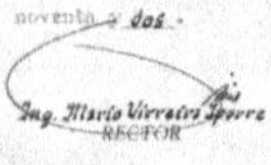

Año 1992. 17 años. Certificado de Título de Bachiller en Humanidades. **"No se puede educar en serie. Es preciso un corazón inteligente que sepa interpretar, que sepa, sobre todo, comprender".** Salve García.

que **por necesidad aprendimos a vivir solas y administrar el dinero mensual que nos enviaban mamá y papá**, estas habilidades las aprendimos por necesidad, no las aprendimos ni en el colegio ni en la universidad:

- No sabíamos cocinar, al tener hambre aprendimos.

- No teníamos el hábito de lavar nuestra ropa, aprendimos a lavar cuando no teníamos ropa que ponernos.

- No teníamos el hábito de limpiar la casa, cuando nos anunciaban nuestras amigas que nos visitarían para hacer los trabajos prácticos aprendimos a limpiar la casa para no ahuyentarlas con el desorden.

- No sabíamos ahorrar, gastando el dinero la primera semana del mes y quedarnos las otras 3 semanas sin dinero viviendo de los préstamos con los amigos aprendimos a ahorrar.

- Las deudas nos enseñaron a ahorrar para pagar los intereses y devolver el capital.

- No teníamos dinero para vestir mejor y comprar los libros universitarios costosos para estudiar, aprendimos a buscar trabajo para obtener dinero extra.

- No sabíamos usar agenda y horario, llegando atrasadas a las reuniones y recibiendo llamadas de atención del profesor por los atrasos aprendimos a organizarnos con el tiempo.

- No alcanzaba el presupuesto para usar taxis todos los días, aprendimos a levantarnos temprano para alcanzar un asiento en el transporte público.

- No tenía todos los libros para estudiar, aprendí a usar la Biblioteca pública de la Universidad.

- No tenía responsabilidad de pagar servicios públicos, cuando nos estaban por cortar el agua, la luz y el teléfono aprendimos a ser puntuales en los pagos de los servicios públicos.

- No sabíamos hacer transacciones financieras, ante la necesidad de cobrar el dinero mensual que papá nos enviaba, tuvimos que aprender a perder el miedo a entrar a las entidades financieras y a hacer gestiones bancarias de manera personal, aprendimos a preguntar y pedir orientación.

- Teníamos pánico asistir a entrevistas de trabajo, gracias a las deudas agarramos el periódico y buscamos trabajo, aventurándonos con miedo a asistir a entrevistas de trabajo de toda clase hasta encontrar lo que podemos hacer.

- Tenía baja autoestima, falta de confianza en mí misma, la ansiedad por tener las mejores calificaciones en la universidad me impulsó a estudiar y esmerarme en hacer las mejores exposiciones en público, por mantener mi puesto de mejor alumna aprendí a vencer el miedo a hablar en público.

- No me gustaba cumplir horario, tampoco seguir instrucciones, la necesidad de pagar las deudas me obligó a aprender a adaptarme a ser empleada de empresas con horario, uniforme y reglamentos, cambiábamos tiempo por dinero.

Paso a paso la necesidad de buscar soluciones para cubrir las necesidades básicas de la vida de un estudiante nos enseñó a ser emprendedoras, a aprender a ser responsables movidas y motivadas por la necesidad.

Año 1996. 22 años. Acto de graduación de la carrera de derecho. **"El valor de una educación universitaria no es el aprendizaje de muchos datos, sino el entrenamiento de la mente para pensar".** *Albert Einstein.*

Quería vestir mejor y adquirir material más costoso para el estudio, como enciclopedias jurídicas. Esta necesidad me impulsó a buscar trabajo. Al principio conseguí trabajo en contra de la voluntad de mi papá, con el tiempo la necesidad de pagar inversiones en estudio pudo más que la sobreprotección de mi papa y él decidió tolerar que trabajemos paralelo a los estudios.

Conseguí trabajo en un canal de televisión para un programa temporal, asistí a una audición y califiqué al ser seleccionada, estaba llena de miedo, nunca me enfrenté a una cámara de filmación, pero mi necesidad de ganar dinero pudo más y con mucha actitud repetí el estribillo que nos dieron, gané la audición y me gané 100 dólares por 10 días de trabajo para ser reportera de un programa comercial, para una estudiante que nunca había ganado un centavo era mucho dinero.

Año 1994. 20 años. Certificado de distinción por ser una de las mejores alumnas de la carrera de derecho.
"El educador mediocre habla. El buen educador explica. El educador superior demuestra. El gran educador inspira". William Arthur Ward.

Luego conseguimos trabajos de Azafatas en Ferias comerciales de Exposición, ganábamos entre 250 y 300 dólares por 15 días, trabajé como asistente de una Gerente en una Cooperativa sirviéndole el café y ordenando su escritorio, ganaba 75 dólares medio tiempo, luego fui auxiliar de crédito gané el doble, 150 dólares tiempo completo, escalé en la misma entidad hasta ser Oficial de Crédito, y llegar a ganar 300 dólares tiempo completo fui empleada 3 años de los 5 que estuve en la Universidad, los últimos años trabajaba todo el día y estudiaba en la noche.

Deseaba ser ayudante de cátedra para aprender a enseñar, pero tenía mucho miedo al mundo universitario, escuchaba historias que no me gustaban de corrupción moral entre catedráticos y estudiantes, así que me conformaba con brillar en las exposiciones de los trabajos prácticos y dar los mejores exámenes.

FACULTAD DE CIENCIAS JURIDICAS, POLITICAS Y SOCIALES

U.A.G.R.M.

C E R T I F I C A D O

Al(a) Universitario(a):   **SOLIA MARIA CENTENO CASTRO**

por destacarse como el MEJOR ALUMNO DE LA PROMOCION "96" de la
Carrera de: **DERECHO**

como estímulo a su esfuerzo y capacidad demostrada, que le hacen merecedor(a)
del presente Certificado de Reconocimiento.

Santa Cruz de la Sierra, Bolivia Septiembre 1.996

DR. SOCRATES A. CABALLERO IRIARTE
DECANO

DR. OSWALDO ULLOA PEÑA
SUB DECANO

Año 1996. 22 años. Certificado de distinción como "mejor alumna de la promoción 1996" de la carrera de derecho.
"Nunca consideres el estudio como una obligación, sino como una oportunidad para penetrar en el bello y maravilloso mundo del saber". *Albert Einstein.*

En los últimos años de estudios universitarios, la universidad pública firma un convenio con una universidad de España para otorgar becas para los mejores alumnos de la facultad de ciencias jurídicas, políticas y sociales, tenía todos los requisitos para acceder a la beca, salvo un pequeño detalle que me detuvo, "no tenía el dinero para pagar el pasaje en avión hasta España y tampoco tenía pasaporte", escuchar cifras de más de 2000 dólares era demasiado para una mentalidad que no generaba más de 200 a 300 dólares por mes, tampoco calificaba para obtener más créditos, ya estaba sobregirada con las deudas.

La mentalidad de escasez, el miedo y la falta de coraje y valentía de tomar mis propias decisiones fueron más fuertes que el poder cumplir mis sueños de llegar a Europa.

¿Cómo lidiar con el dolor del estrés y las preocupaciones financieras?

"El riesgo viene de no saber lo que haces".
Warren Buffett.

La ignorancia y falta de información provoca incertidumbre en los estudiantes egresados. El cerebro creativo para ser emprendedor deja de funcionar cuando nos acostumbramos a depender económicamente de los padres y vivimos sobreprotegidos en zona de confort, es como el cuerpo cuando no hace ejercicio, se vuelve flojo para la acción, no encontramos la necesidad de HACER y provocar que las cosas sucedan, al contrario esperábamos que sucedan porque todas las necesidades estaban cubiertas.

La formación del SISTEMA EDUCATIVO era para ser PEN-SANTES, sin DESARROLLO DEL SER, tampoco del HACER, llenos de teoría sin práctica, por tanto éramos SERES IN-COMPLETOS para tomar decisiones.

Los padres conscientes de nuestra incapacidad para asumir responsabilidad sobre nuestras propias vidas, se sienten obligados a decidir por nosotros, si nuestros sueños encajan en el molde de pensamiento y está dentro del presupuesto familiar nos considerarnos "con suerte" y logramos encaminarnos con entusiasmo, si lo que soñamos esta fuera del molde de pensamiento y fuera del presupuesto familiar entonces somos considerados "SIN SUERTE" ya que terminamos eligiendo una carrera muy lejos y diferente de lo que verdaderamente soñábamos SER, acumulando frustraciones y desilusiones, esta última opción era mi caso.

En este sentido es importante prevenir la mentalidad de escasez de los estudiantes impulsando en su formación en:

- Educación y gestión de Emociones.
- La administración del tiempo y del dinero.
- Desarrollo y formación en mentalidad de prosperidad.
- Desarrollo y práctica de hábitos de ahorro.
- Desarrollo de habilidades blandas.
- Descubrimiento de dones y habilidades personales.
- Desarrollo y práctica de habilidades en relaciones humanas como vencer el miedo a hablar en público, oratoria y liderazgo.
- Desarrollo y práctica de hábitos de orden y limpieza.
- Desarrollo de hábitos de alimentación saludables e información de fuentes de nutrición y energía para el cuerpo y para la mente para mantener equilibrio emocional en momentos de desafíos y solución de problemas.

Capítulo once

El producto de la actual Educación: sentir miedo a tomar decisiones y ser responsables de la propia vida

"Acepta la responsabilidad de tu vida. Debes saber que eres tú el que te llevará a dónde quieres ir, no hay nadie más".
Les Brown.

Tenía miedo entrar a la universidad, tenía miedo ser responsable de mi vida, desde los 4 años hasta mis 17 años, durante 13 años de mi vida no había tomado una decisión sin que pase por el filtro de aprobación de mis padres o de mis maestros, 13 años siguiendo instrucciones como un títere, esclava del escritorio, en un sistema donde nos dicen todo lo que tenemos que pensar y decir, si tengo que resumir en una palabra mi experiencia en el Colegio, me nace decir **"SOBREVIVENCIA"** porque así lo sentí (palabras textuales en mi testimonio otorgado para el documental "Un Crimen llamado Educación de Jürgen Klaric).

La primera sorpresa en la Universidad Pública, fue que pese a tener las mejores calificaciones no podía ingresar directo a la carrera que elegí.

En esos años no existía ingreso directo por excelencia, tuve que pasar un curso Pre universitario en la misma Universidad, otra vez repasar todas las materias del Colegio clasificadas y resumidas, largas colas de registro, ventanillas por aquí, ventanillas por allá, descubrí un laberinto de trámites en la universidad.

Me parecía absurdo e injusto tener que pasar un curso pre-universitario junto a estudiantes que estaban peor que yo, que no tenían idea de lo que querían, que iban a jugar como niños a la Universidad, no sentí diferencia con el Colegio, otra vez todos como un rebaño en el mismo corral, sin ningún tipo de filtro o clasificación, me sentí estancada en el desarrollo de mi aprendizaje universitario.

En el año 1992, el hecho de haber sido mejor alumna con honores durante 13 años, no abrió ninguna puerta en la Universidad Pública para que pueda seguir desarrollando habilidades en favor de la comunidad, al contrario no existía mentoría para alumnos con habilidades blandas y talentos especiales, me sentí desmotivada, observaba a

mis compañeros copiar y tener casi las mismas notas que las que yo obtenía estudiando con esfuerzo y desvelo, a diferencia del Colegio Privado, en la Universidad Pública era más fácil copiar, eran cursos más grandes y más llenos de estudiantes, el catedrático no alcanzaba a controlarlos a todos.

Sin buscarlo, con impotencia, me tocó vivir e involucrarme en temas políticos, nos obligaban a marchar en favor de las peticiones que hacia la Universidad al Gobierno y al Estado, salíamos a las calles pidiendo "presupuesto para la Universidad", al final de la marcha aparecía un encargado en tomar lista para verificar quienes se quedaron hasta el final de la marcha, quienes se escapaban de la marcha eran perjudicados en sus notas.

Recuerdo una marcha en la plaza principal, recibimos instrucciones de bloquear la calle por los dirigentes de estudiantes universitarios y salimos con los pupitres o escritorios personales a sentarnos a la calle, llegó la policía y nos lanzaron gases lacrimógenos, fue una gran pena vivir la experiencia de empujarnos entre nosotros por escapar al efecto de los gases lacrimógenos, se rompieron muchos pupitres y escritorios en la avalancha humana que a su paso atropellaba todo lo que encontraba buscando refugio de la policía. El daño a la propiedad pública y privada era inevitable en estos acontecimientos.

Mi hermana y yo salimos corriendo escapando de la estampida humana y de los disparos de los cartuchos de gases lacrimógenos, los ojos nos ardían, no podíamos soportar el ardor, fue una experiencia que nos llenó de pánico y miedo.

Mis padres no tenían conocimiento que éramos obligadas a marchar, corríamos por las calles buscando donde escondernos, el centro de la ciudad de Santa Cruz es zona comercial, los propietarios cerraban con llave sus establecimientos para evitar que los vándalos camuflados entre las marchas realicen disturbios, tocábamos las puertas desesperadas para que nos dejen entrar, nadie nos abría, hasta que la dueña de un salón de belleza nos abrió la puerta para auxiliarnos, allí nos quedamos encerradas a esperar que pase el efecto del ardor y lágrimas provocadas por el gas lacrimógeno en los ojos, lo único que hacíamos era llorar asustadas.

La policía nos corría por detrás y tomaban presos a los manifestantes. Eran los años de 1992 y 1993, los primeros años universitarios y ya estábamos involucrados en los conflictos políticos del momento. Veía manifestaciones por la televisión, jamás pensé que terminaría participando en una manifestación, las criticaba y las cuestionaba tanto que terminé involucrada en varias de ellas.

Otra circunstancia desagradable fue ver como la Universidad Pública permitía el desarrollo de los partidos políticos y fomentaba las elecciones de dirigentes Universitarios.

Me costaba creer que jóvenes como yo que no teníamos idea de lo que era administrar una Universidad, menos un país, estaban lanzándose a parafrasear discursos vacíos adoptando ideas y filosofías políticas para ganar adeptos y seguidores que los lleven al poder, la mayoría no tenían idea de lo que hablaban, lo hacían de memoria pero igual se lanzaban, reconocía ese vacío en la oratoria porque en el Colegio muchas veces hice lo mismo "hablar, repetir palabras sin entender".

Desarrollé buena memoria, en las materias que no me gustaban usaba la memoria para grabar y retener fórmulas, para mi sentido común era fácil detectar a los "memoriones" y "charlatanes" porque en el colegio me tocó ser así cuando no me gustaba la materia y la aprendía y repetía de memoria por conveniencia sin entenderla, cuando la persona habla sin entender las palabras salen de la mente, y suenan frías, vacías, no generan conexión con las emociones de los oyentes, cuando la persona habla con entendimiento y con sentimiento a la vez, las palabras salen del corazón, suenan poderosas y generan identificación y conexión con los oyentes por la vibración que generan.

En temporadas de elecciones de dirigentes universitarios tanto de estudiantes como de catedráticos, las clases eran interrumpidas por los candidatos, tanto de agrupaciones de catedráticos, como de agrupaciones de estudiantes, tenía entendido que se iba a la universidad a "aprender" a formarme como "profesional en una área para ponerme al servicio de la sociedad", sin embargo éramos testigos de actividades de política y proselitismo universitario.

Observaba que los estudiantes daban más importancia a las "actividades sociales universitarias" que a los grupos de estudio, era común cada semana las convocatorias para "fiestas", "discursos", "elecciones" "marchas", "escándalos", "denuncias", demasiada búsqueda de protagonismo, el ambiente de la universidad pública generaba controversia, sin embargo tenía que adaptarme en razón a que mi condición económica no podía acceder a universidades privadas.

Repetía los hábitos que había desarrollado en el Colegio, me aislaba, no asistía a las fiestas, hablaba con pocos amigos, mientras la mayoría de la comunidad universitaria se distraía en los eventos sociales, en las reuniones del Snack o Café Universitario, o se reencontraban los amigos de Colegio, yo me la pasaba investigando dentro de la Biblioteca Universitaria o en mi cuarto estudiando libros. En la Biblioteca pública universitaria descubrí un mundo fascinante de libros antiguos y enciclopedias, en varias oportunidades me olvidaba de las horas y el encargado de la Biblioteca me cortaba la inspiración anunciándome que ya era hora de cerrar.

Las fiestas entre alumnos y catedráticos eran normales en épocas de Elecciones Universitarias, de manera pública se veía el intercambio de amistad entre vasos de cerveza y bebidas alcohólicas. Al momento de hacer públicas las calificaciones, me sorprendía ver estudiantes que casi no asistían a clases, que copiaban en los exámenes y a la vez mantenían buenas "relaciones políticas y sociales" con los grupos de poder, ellos aprobaban las materias casi con la misma nota que aquellos que no participábamos en nada, que asistíamos a todas las clases, que vivíamos estudiando y que dábamos cumplimiento a todos los trabajos prácticos.

Sentía mucha desilusión ver como el SISTEMA era injusto y no filtraba por merecimiento, al contrario estaba diseñado para la "corrupción" y "conveniencia", sentía mucha rabia e impotencia, me quitaba las ganas de ir a la Universidad.

A pesar de todo lo que me causaba frustración e impotencia, seguí estudiando porque no tenía alternativa, tenía que seguir el plan de estudios con la esperanza de que se haría justicia cuando obtenga el título profesional, ya había comprado el sueño de la profesión, tenía que continuar.

Año 1996 – 22 años. Desfilando con mi papá en el acto de graduación de la carrera de derecho. **"Educar es adiestrar al hombre para hacer un buen uso de su vida, para vivir bien; lo cual quiere decir que es adiestrarse para su propia felicidad".** *Antonio Maura.*

Al salir de la Universidad sentí la "Bienvenida al mundo Real", decidí casarme con mi novio de universidad Marcello Baglivo, llevábamos dos años de novios, ambos ya éramos egresados de la Universidad, Marcello obtuvo primero el título profesional y ya tenía un trabajo con un sueldo que le permitía mantener las necesidades básicas de un hogar, decidimos encargar un bebé aprovechando que en mi caso aún tenía que invertir un año en seguir estudiando para aprobar el Examen de grado y obtener el título profesional.

Me dí cuenta que solo tenía información en la cabeza, muchas ganas de salir adelante, referencias personales de trabajo, y buenas calificaciones, sin embargo no tenía experiencia en la práctica de mi profesión, en esas condiciones no podía lanzarme al mercado profesional así que decidí trabajar gratis un año en un estudio jurídico de un amigo abogado, así me dedicaba a aprender el ejercicio práctico de la abogacía, fue como comenzar de cero.

Título en provisión nacional de Abogada 12/Julio/1998. otorgado por la Universidad Autónoma "Gabriel René Moreno" de la ciudad de Santa Cruz - Bolivia. **"En los sueños comienzan las responsabilidades".** *W. B. Yeats.*

Descubrí que en la universidad aprendí mucha teoría pero en la práctica no tenía ni idea como ejercer la profesión, me sabía de memoria las partes de un contrato pero no sabía elaborar uno, sabia el procedimiento de un juicio pero nunca había pisado un juzgado judicial.

Mi gran aspiración era ser Asesora Jurídica en un Banco aprovechando el antecedente laboral de Oficial de Créditos que había adquirido en una Cooperativa en la que trabajaba durante los estudios Universitarios.

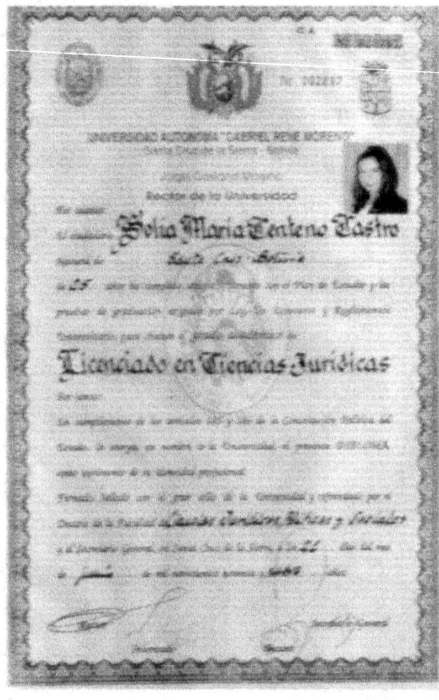

Título en Provisión Nacional de Licenciatura en Ciencias Jurídicas 22/Julio/1998. Otorgado por la Universidad Autonoma "Gabriel Rene Moreno" de la ciudad de Santa Cruz –Bolivia".

"La educación es algo admirable, sin embargo, es bueno recordar, que nada que valga la pena se puede enseñar".
Oscar Wilde

Al cabo de un año de trabajar gratis, dividiendo mi tiempo entre la crianza de mi bebé, la vida familiar y la vida laboral, aprendí a ganar comisiones por cada trámite y juicio que llevaba, sin embargo al lograr ganar mayor cantidad de comisiones mi amigo abogado que era a la vez mi jefe, incumplió su palabra y me pagaba menos de lo pactado, me cansé de pelearme por el pago de las comisiones en el estudio jurídico de mi amigo y decidí presentar mi Curriculum

Vitae u Hoja de Vida en todos los Bancos acompañando mis buenas notas de la Universidad.

Me llevé la gran sorpresa que a ninguna empresa y entidad jurídica le interesaba mis buenas calificaciones en la Universidad, la ingenuidad de pensar que las empresas se pelearían por contratarme al ser la mejor estudiante, se esfumó en la primer entrevista de trabajo profesional.

El punto álgido fue cuando califiqué para un puesto de Asesora externa en un banco reconocido de mi ciudad, mi contrato de trabajo quedó estancado en la oficina del Gerente, él no lo firmaba.

Pedí audiencia con el Gerente y luego de peregrinar varias semanas en lista de espera me concedieron la audiencia, presenté mis acreditaciones de aprobación y calificación del puesto y la respuesta del Gerente me cambió la visión de la vida por completo.

Trataré de transcribir como lo dijo:

- " Niñita, entiendo que en papeles usted cumpla con los requisitos, pero la realidad es que a usted yo no la conozco, no se quiénes son sus padres, en este banco damos trabajo a personas honorables, la dignidad y el honor son valores que se heredan en la familia, y a su familia no la conozco, la única manera que firme su contrato es si me trae una carta de un amigo personal de mi círculo de influencia que acredite y de fe por los valores y dignidad de su familia".

Quedé en completo silencio ante la explicación del Gerente, solo atiné a decir:

- "Muchas gracias señor, haré lo posible por conseguir la carta para lograr el puesto de trabajo",

Tenía 25 años, fue desastroso escuchar esas palabras, me sentí como en la Edad Media, no sabía que necesitaba influencias sociales de grupos de poder para acceder a cargos altos.

Salí llorando del Banco destrozada en mi dignidad, me sentía en completa ingenuidad haber confiado en el sistema de educación, prácticamente el Gerente bancario me había dicho en mi cara que no era digna de confianza y que mi familia y yo éramos desconocidos y no éramos honorables.

En mi mundo de valores la confianza estaba en los primeros lugares, por esta razón me afectó mucho el comentario y dictamen del Gerente del Banco, fue un golpe bajo para mi autoestima, para mi ego y para mi orgullo personal y familiar.

Nuevamente me tocaba repetir el drama de sentirme humillada, desde la humillación con el profesor de química a los 14 años no había vuelto a sentirme tan mal como esta vez.

Llegué a casa de mis padres a recoger a mi bebé de meses de nacido, para llevármelo a mi casa (dejaba a mi bebé al cuidado de mis padres para poder trabajar), llegué llorando y le cuento indignada a mi papá lo ocurrido. Mi papá se sintió herido también y se puso a hacer varias llamadas hasta encontrar un empresario amigo personal del Gerente, inmediatamente hizo una cita con el empresario que nos otorgaría la recomendación, quien de una manera muy noble hizo la carta "avalando la honorabilidad y dignidad de mi familia" y advirtió que las relaciones comerciales que el mantenía con el banco estaban condicionadas a que me otorguen el puesto de trabajo.

Recuerdo que lloré más al leer la carta de recomendación, si bien el empresario se portó muy gentil al avalarnos como personas y como familia para que pueda conseguir el cargo en el Banco, en el fondo me sentía mal de tener que utilizar influencias ajenas para conseguir trabajo.

Una vez más mi papá estaba brindándome auxilio y protección, mi ego estaba golpeado, yo solo quería obtener el puesto por mérito propio.

Mi carrera profesional de abogada externa de Bancos comenzó con el pie derecho gracias a la protección e influencia social de un empresario que tuvo la buena voluntad de hacer la mejor carta de recomendación para mi persona, lo demás es otra historia, el mundo de la banca, el mundo profesional, la administración de Justicia en mi país, las quiebras, los nuevos emprendimientos, las frustraciones en el mercado profesional, las Influencias, las injusticias, las crisis en la familia, las crisis en la pareja, las traiciones laborales, las denuncias, los juicios, la amenaza de perder la libertad, la crisis espiritual, en fin, será otra Historia en un próximo libro.

Por ahora en este libro lo que nos interesa rescatar es el producto de un Sistema Educativo que no nos brinda ninguna herramienta para aprender a vivir la vida en equilibrio.

Una vida sin COHERENCIA entre el SER, PENSAR y HACER, nos llevará a repetir una y otra vez la confusión en cada decisión. Hoy a los 43 años recién estoy rescatando y desbloqueando una de las habilidades de todas las que perdí : "escribir" y "comunicar".

Mi alma encuentra paz dejando fluir la creatividad en el arte de las palabras y en la escritura. Ver escrita esta obra sana mis heridas emocionales.

Ver a mi hija de 13 años disfrutar y apasionarse en el arte de dibujar, ver a mi hijo de 18 años relacionarse con confianza y autoestima personal, ver a mi esposo cada día a

Año 1999 – 25 años. Acto de juramento de abogada en la Corte Superior del Distrito de la ciudad de Santa Cruz. **"Tu vida comienza a cambiar el día en que tomas la responsabilidad por ello".** *Steve Maraboli.*

mi lado, acompañándome en todos mis emprendimientos, a pesar de tanto drama en mi mente él tuvo la paciencia de tolerarme y comprenderme, me llenan de fe y esperanza que lo mejor de nuestras vidas recién comienza para nosotros.

Hoy tengo la oportunidad de trascender a través de mis hijos y de las relaciones de familia. Aprendí a madurar a golpes de frustración y desilusión, hoy entiendo que todo fue perfecto para mi desarrollo y crecimiento personal, no tengo nada que cambiar del pasado, simplemente seguir viviendo en paz con mi ser y en armonía y felicidad con todo lo que me rodea.

¿Cómo lidiar con el dolor del miedo a tomar decisiones y ser responsable de la vida?

"El hombre está condenado a ser libre, porque una vez arrojado al mundo, él es responsable de todo lo que hace. Depende de ti darle a la vida un significado".
Jean-Paul Sartre.

¿Cual sería el resultado si el SISTEMA EDUCATIVO desarrolla el conocimiento del SER en la niñez?

¿Cual sería el resultado si el SISTEMA EDUCATIVO enseña a estudiar, entender y educar las emociones?

¿Cuál sería el resultado si entendemos cómo funcionan las Leyes Naturales y Espirituales que dirigen la vida de los seres humanos?

Se abre un mundo de posibilidades si respondemos estas preguntas. **Cuando entendemos las Leyes espirituales que rigen la vida humana perdemos el miedo a asumir las consecuencias de nuestras decisiones, el miedo es ignorancia o falta de información, cuando conocemos nuestros miedos aprendemos a convivir con ellos, y este hecho nos libera del miedo a tomar decisiones y nos brinda la confianza de tomar la responsabilidad de nuestras vidas.**

Por esta razón me uno a la misión de coadyuvar a promover el estado de consciencia en generar el cambio en el Sistema Educativo, mi testimonio de vida es un claro ejemplo de ADVERTENCIA, para evitar la duplicación de traumas emocionales que afectan el desarrollo personal en la adultez.

Para la nueva generación, para nuestros hijos, y para los hijos de nuestros hijos no es nada atractivo esperar 43 años para entender la vida, tampoco es atractivo que descubran con desilusiones que sacar las mejores calificaciones en el Colegio no abre ninguna puerta, en mi caso fue así.

Es una gran frustración descubrir que entregué los mejores años de mi vida al SISTEMA, me sometí voluntariamente a seguir instrucciones y obedecer en silencio, fui la mejor alumna, la mejor estudiante abanderada, siempre en el cuadro de honor, no sirvieron de nada los honores y reconocimientos, ninguna Universidad y ninguna Empresa me abrieron las puertas por mérito.

Siempre tuve que tocar las puertas de la influencia, no quiero que mis hijos lleguen a esta edad y tengan que contar la misma historia, tampoco quiero que lleguen a los 43 años y sigan preguntándose cuál es el propósito de su vida, o estén buscando terapias de sanación cuando pueden estar cambiando el mundo

Recibimos al nacer la bendición de los dones y los talentos, necesitamos un SISTEMA de orientación e información que nos lleve a desarrollar las habilidades y nos eduque en aprender a vivir con INTEGRIDAD y COHERENCIA, es momento de aprender a construir la nueva educación para dar paso a la nueva generación.

¿Por qué la sociedad se siente responsable solamente de la educación de los niños y no de la educación de todos los adultos de todas las edades?. Erich Fromm.

"Procura en tus estudios no saber más que los otros, sino saberlo mejor". Lucio Anneo Séneca

12

Capítulo doce

Epílogo de la Historia

*"En el mundo no existe algo bueno,
ni malo, solo existen memorias que
hacen que las cosas signifiquen
cosas buenas o malas".*
Jürgen Klaric.

*"No hay nada que te robe más
energía que el miedo".*
Jürgen Klaric.

"Jamás dudéis de que un pequeño grupo de seres humanos pensantes y comprometidos pueden cambiar el mundo. En realidad, es lo único que ha cambiado al mundo desde siempre." Margaret Mead

"Llénate de energía vital y los miedos se harán más pequeños, luego convierte el significado de tu miedo paralizador en un sueño motivador, es una cuestión de significados". Jürgen Klaric

Ante la confusión mental, emocional y espiritual provocada por las heridas emocionales de la niñez y profundizadas en el sistema educativo, siempre fui una buscadora de información, vivía buscando la receta de la felicidad, del éxito, de la prosperidad, de la sanación.

En una de las tantas búsquedas, una tarde de lluvia de abril en el año 2016 luego de mi cumpleaños número 42 me encontraba un domingo por la tarde en la tranquilidad de mi hogar navegando en el internet en mi computadora portátil, mi fiel compañera al igual que mi celular. Buscando en el canal de internet de YouTube información para multiplicar la prosperidad, encuentro el video **"<u>Neuro riqueza: Cambia a una mentalidad de abundancia</u>"** al ingresar en el enlace, muestra al orador en una sala de entrenamiento que dice

- "Es lamentable descubrir como nosotros, y me incluyo yo, tenemos a veces actitudes, pensamientos, cultura de pobres, mentalidad de pobres, el que les da este curso, me llamo Jürgen Klaric, es una persona que pasó una terapia y un coach especializado y profesional para perder el miedo al dinero....".

Fue suficiente para que el video llame mi atención por completo y quedé con todos mis sentidos en completa atención a la información durante una hora, 15 minutos y 22 segundos, el video fue subido el 14 de Septiembre del año 2015 y en ese momento Abril 2016 llevaba más de dos millones de visualizaciones, ¡wow! Fue increíble como removió mi mente, confirmé que tenía mentalidad de pobre y que tenía que estudiar la mente para descubrir las raíces que generaban esos pensamientos.

Fue en ese video que conocí al divulgador de las neurociencias Jürgen Klaric, activista del cambio en la educación, y presidente de la Fundación Biialab U.S.A. con más seguidores en estas áreas educativas en Latinoamérica, también me llevo la sorpresa que es de origen Boliviano, desde ese momento comencé a estudiar y compartir todos los videos de enseñanzas de la plataforma virtual en youtube, quedé fascinada con el conocimiento y la sabiduría que cada día se compartía en estos canales, las ganas de aprender y mejorar me llenaron el alma de entusiasmo, jamás se pasó por mi cabeza ni por imaginación que llegaría a conocerlo personalmente en mi hogar.

"Solo conocerás el éxito en la medida que acabes con tus miedos". Jürgen Klaric.

Todavía recordaba como un flash en mi mente el día martes 20 de Septiembre del año 2016, cuando mi hermana Sandra llegaba a las 5 de la tarde a mi casa pidiéndome casi a ruegos le permita grabar mi testimonio de frustración y sobrevivencia del colegio y universidad.

Sandra acababa de leer una publicación en las redes sociales de Facebook en la página personal de Jürgen Klaric pidiendo grabaciones de testimonios de dolor para documentar casos reales en la elaboración de su documental **"Un crimen llamado educación"**, mi hermana fue la testigo directo y permanente de todo el proceso de formación en el sistema educativo durante mi niñez y adolescencia, ella era consciente de la profundidad de mis heridas emocionales y de la desesperación en que me encontraba por encontrar sanación.

"Elige por maestro aquél a quien admires, más por lo que en él vieres que por lo que escuchares de sus labios". Lucio Anneo Séneca.

Lunes 31 de Octubre año 2016, Domicilio particular, filmación de imágenes complementarias para el testimonio grabado en favor del documental "Un crimen llamado educación"

Esta vez la visión clara, convicción, testarudez, decisión e insistencia de mi hermana fue más fuerte que mi indecisión y mis miedos, y me dejé convencer de escribir y grabar el testimonio, cada vez que destapaba un recuerdo de dolor me afectaba emocionalmente y perdía la secuencia al hablar, se bloqueaba mi garganta y me perdía en el relato, conociendo y advirtiendo mis deficiencias, esta vez fui precavida y escribí el testimonio previamente en una hoja para dejar fluir la emoción sin perder la secuencia del relato.

Así fue como inició esta aventura de romper el silencio, con la motivación del amor de mi hermana que solo quería verme feliz y libre de los traumas que me acosaban como fantasmas desde niña, una grabación que tenía que salir en 4 minutos termino en poco más de 12 minutos en una nota de voz de un iPhone 6, a pesar de escribir, a pesar de leer, no pude evitar el poder de la emoción y los sentimientos acumulados de 42 años de silencio, las palabras fluían como un mar descontrolado por mi corazón, y las lágrimas y el dolor brotaron con fuerza en las palabras, no quería terminar, los recuerdos florecían una y otra vez, mi corazón sentía una desesperación por vaciar todo, pero la razón del tiempo me controló, el miedo a que pierdan el interés de escuchar un testimonio largo me hizo pisar tierra y volví a concentrarme en el objetivo "resumir las vivencias".

Aproveché de expresar el modelo de educación que siempre soñé, me nació cerrar un profundo agradecimiento al activista Jürgen Klaric por la iniciativa de la convocatoria para hacer las denuncias y cuando creí que ya había terminado al final expresé toda la frustración que llevaba liberando la memoria de dolor que me atormentaba por 42 años, otorgar el testimonio me sirvió para comprender que guardaba más carga emocional de la que pensaba.

El testimonio fue enviado y cerré un capítulo de silencio, acababa de abrir las puertas para iniciar un nuevo camino. La grabación contra todo mi pronóstico personal fue seleccionada por Jürgen Klaric como aporte para el documental "Un Crimen llamado educación", con mucha emoción acepté donar mi testimonio y brindar toda la colaboración para la filmación de la declaración ante cámaras.

"Nadie se puede considerar innovador mientras no haya gente que diga: Tú me cambiaste la vida con lo que hiciste". Jürgen Klaric

Era el último día del mes de Octubre del año 2016, lunes 31, a la 1:30 de la tarde, tuvimos el honor de recibir en mi hogar en Santa Cruz – Bolivia, al activista y divulgador científico de Neurociencia Jürgen Klaric, él llega con todo su equipo de filmación del documental "Un Crimen llamado Educación", para grabar el testimonio en vivo, un torbellino de emociones me invaden hasta turbarme, tenía tanto para expresar y no sabía por dónde comenzar.

Al final gracias a la sabia orientación del mentor supe decir lo que me correspondía, tenía mucho miedo al cuestionamiento social y a los perjuicios sociales, entendí que no podía avanzar en mi vida guardando emociones negativas en el silencio, fue difícil para mí ser transparente con mis sentimientos y dejarlos fluir en palabras.

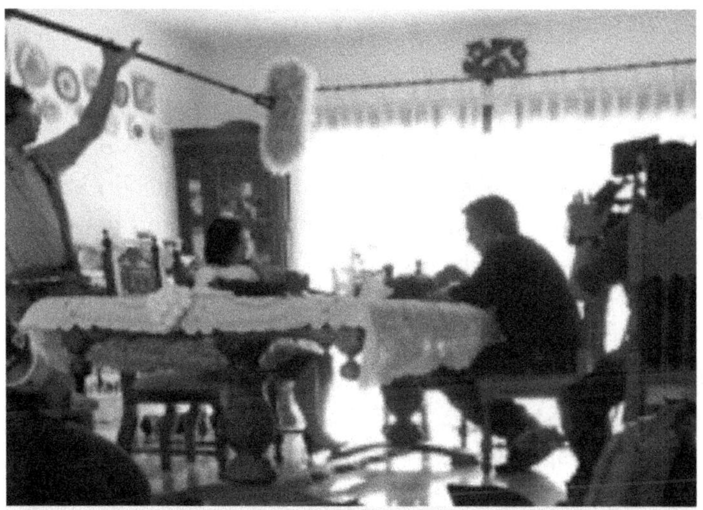

Lunes 31 de Octubre año 2016, Domicilio particular en la zona del Urubó, filmación de imágenes para el testimonio grabado en favor del documental "Un crimen llamado educación"

No hay peor cárcel que el silencio de la verdad, decidí ser libre y manifestarla, gracias a la experiencia de grabar el documental, sentí la necesidad de hacer más para ayudar en esta causa del cambio de mentalidad en favor de la actual generación, así nace la idea de escribir este libro. Toda mi vida fui una PENSANTE, ahora decidí tomar acción "HACER" para llegar a la profundidad de mi SER, y brindarme la oportunidad de vivir con "coherencia" e "integridad".

Convoco a los jóvenes que decidan descubrir su verdadero SER, corten la maldición generacional de la mediocridad y el conformismo, resuelvan encontrar su propio destino tomando sus propias decisiones, busquen información sobre alternativas de educación para ser dueños de sus propias vidas, ser padres y maestros de sus hijos y ser ejemplo de seres humanos con integridad en la comunidad.

Cortemos la cadena de entregar a los niños al sistema tradicional. En mi caso el autoconocimiento, a través de plataformas educativas virtuales resultó ser una gran alternativa para complementar la educación que me llevó a descubrir y desarrollar los elementos de criterio que necesitaba en mi razonamiento, para tomar la decisión de fortalecer mis valores como ser humano y elegir el camino de la integridad que buscaba en mi vida.

Dejemos de ser marionetas del SISTEMA, comencemos a SER RESPONSABLES DE NUESTRAS VIDAS, comencemos a estudiarnos, apliquemos el "autoconocimiento", el "conocimiento de nosotros mismos" para mejorar como personas, ¿por qué reacciono de esta manera?, ¿de dónde nacen estos sentimientos? ¿cuáles son los sueños de mi corazón? ¿Qué habilidades tengo y aún no las he desarrollado? ¿cuáles son los valores que llevo en mi corazón? ¿cuál es el origen de mis miedos? ¿qué tengo que aprender de mis errores? ¿qué tengo que aprender para tener éxito? ¿cuál es la causa de mis emociones negativas? ¿qué pensamiento guardo grabado en la mente que me lleva a repetir la historia una y otra vez? ¿cuál es la lección que vine a desarrollar en esta vida para aprender a vivir? y así podemos ingresar en un mundo fascinante de autodescubrimiento que nos motivará a seguir avanzando disfrutando el proceso de despertar cada día con un aprendizaje diferente, nos llenaremos de entusiasmo al descubrir que cada amanecer, es un nuevo día para mejorar mi versión como persona hasta llegar a vivir con INTEGRIDAD y COHERENCIA en completo estado de felicidad.

Hoy a pesar de mis 43 años biológicos, gracias a cambiar los moldes de pensamientos descubro un mundo de oportunidades para desarrollar las habilidades que guardo en mi SER.

Gracias a la filosofía BE THINK DO - SER PENSAR HACER divulgada por la Fundación BiiaLab encontré la manera de ordenar las ideas en la mente, entendí la importancia de la COHERENCIA e INTEGRIDAD en la vida, comencé a estudiar el funcionamiento de la mente y el desarrollo de la conducta humana, entendí que puedo cambiar la realidad cambiando los pensamientos y los sentimientos, si bien esta información es milenaria y pertenece a toda la humanidad, aún no ha sido adoptada como base del sistema educativo.

En este sentido comencé a trabajar en mí misma, estudiando las emociones negativas en mi corazón, a través del "AUTOCONOCIMIENTO" y "ENTENDIMIENTO" me llevé la sorpresa al descubrir facetas de mi vida en donde se originaron, de esta manera inicié el camino de la sanación, el estudio de las emociones a la vez me llevó a descubrir que estaban conectadas con la calidad de las relaciones humanas que desarrollé toda mi vida, este descubrimiento me ayudó a entender que muchas circunstancias eran consecuencia de mis propias decisiones. Este estudio me ayudó a aceptar la responsabilidad de mis actos y consecuencias, al hacerme responsable fui liberándome de la crítica y dejé de buscar responsabilidad en otras personas, entendí que yo era la absoluta responsable de mis actos. De esta manera fui comprendiendo que no existían culpables de mi destino, este razonamiento fue clave para encontrar el perdón, perdonar a los que hice culpables de mis errores y perdonarme por haber culpado a los demás de mis propias decisiones.

Decidí seguir estudiando hasta tener claridad del origen emocional de mis decisiones, hasta conectar mi cerebro emocional (hemisferio derecho) con mi cerebro racional (hemisferio izquierdo), entendí que equilibrando la información en ambos hemisferios del cerebro encontramos equilibrio entre la lógica y el sentido común, de esta manera se integran los elementos de criterio para encontrar respuestas a las preguntas internas que arrastramos desde la niñez.

Paso a paso fui entendiendo que muchas circunstancias dramáticas en mi vida eran consecuencia de "falta de información" en relación al desarrollo del SER.

Con todos estos antecedentes y en base al testimonio de vida expuesto en la presente obra literaria procedo a resumir las conclusiones en relación a promover una nueva revolución educativa en base al desarrollo del SER, con el desarrollo y asignación de las siguientes materias para ser insertadas en el pensum educativo de los Colegios y Universidades acordes con el nivel de consciencia de cada etapa humana:

- Estudio de las Leyes Naturales y cómo funcionan.

  1.- Principio del Mentalismo. 2.- Principio de Correspondencia. 3.- Principio de Vibración. 4.- Principio de Polaridad. 5.- Principio del Ritmo. 6.- Principio de Causa y Efecto. 7.- Principio de Género. Fuente: Libro "El Kybalion" que resume las enseñanzas de Hermes Trimegisto, encuentras toda la información en Internet con el buscador de Google.

- Desarrollo de la inteligencia en la educación emocional.

- Inteligencia en el arte de las relaciones humanas.

- Herramientas para comprender el propósito de vida, descubrir la misión personal, entender el poder de los sueños.

- Autoconocimiento y herramientas de autoayuda para la conciliación y sanación de emociones negativas.

- Taller de apoyo en comunicación, terapias educativas y gestión emocional a los padres para promover la comunicación e integración de las relaciones afectivas entre padres e hijos.

- Filosofía y estudio de valores, (servicio, amor al prójimo, humildad, edificar con las palabras, amor propio, autovaloración, verdad, responsabilidad, compromiso, solidaridad, coherencia, integridad)

- Técnicas de "Meditación" para aprender a aquietar, calmar la mente y conectarnos con el "SER", nutrición para el cuerpo y para la mente, equilibrio en la alimentación, conocimiento del aporte de la energía de los alimentos.

- Bases de la riqueza y distribución del dinero, empoderamiento personal.

- Herramientas para iniciar emprendimientos y empresas.

- Herramientas para descubrir el don y habilidades personales.

Con todas estas herramientas el estudiante tiene todos los elementos de criterio para aprender a vivir y diseñar el camino que merece para trascender como ser humano, parece un sueño pero es tan real como tu existencia y como la mía.

Pasamos entre 13 a 15 años en las aulas escolares, suficiente tiempo para desarrollar habilidades y encontrar nuestro camino personal de amor y felicidad dentro de la comunidad. Si comenzamos hoy, en los próximos 10 años tendremos la base para construir la nueva sociedad, para construir el nuevo mundo, el que siempre soñamos desde la niñez: "El mundo que nos enseña a ser felices, un planeta donde todos los sueños se cumplen, donde abunda y se multiplica la prosperidad". Sí, se puede, sí podemos, está en nuestras manos. Vamos a hacerlo.

"Mis cicatrices del pasado son mi fuerza del presente." Jürgen Klaric

¡GRACIAS!